普通高等教育经管类专业系列教材

ERP 沙盘模拟经营指导教程
(约创云平台)

梁杏　赵燕　主编

徐伟　王小春　林宪平　上官立波　副主编

清华大学出版社
北京

内容简介

ERP 沙盘模拟经营实验课程是高校经管类专业、财会类专业的必修课程之一。本书专门针对约创云平台而设计，是 ERP 沙盘模拟等相关课程的实验实训教材。本书介绍了约创云平台的规则、每个角色的职责，并配有两个不同的经营实战方案和实验报告，通俗易懂、由浅入深地向学生展示使用约创云平台模拟企业经营的全过程。

本书内容可分为三部分：第一部分，约创云平台各个角色的职责划分情况；第二部分，约创云平台的模拟经营操作案例；第三部分，实验报告的设计与完善。其中：第一部分是基础和铺垫；第二部分是核心，占据了主要篇幅；第三部分是总结，指导学生如何完成实验报告的整理与撰写。这三部分内容前后逻辑连贯，共同体现了本书的主题。本书在"以学生为中心"的教学理念的指导下编写而成，可以帮助学生提升团队协作、沟通交流、市场分析、财务分析、供应链管理等方面的能力。

本书可作为高等院校经济管理类专业，尤其是财会类专业的教材，也可供相关领域的学习者参考使用。

本书封面贴有清华大学出版社防伪标签，无标签者不得销售。
版权所有，侵权必究。举报：010-62782989，beiqinquan@tup.tsinghua.edu.cn。

图书在版编目(CIP)数据

ERP 沙盘模拟经营指导教程：约创云平台 / 梁杏，赵燕主编. —北京：清华大学出版社，2022.10（2024.8 重印）
普通高等教育经管类专业系列教材
ISBN 978-7-302-62072-3

I. ①E… II. ①梁… ②赵… III. ①企业管理－计算机管理系统－高等职业教育－教材 IV. ①F272.7

中国版本图书馆 CIP 数据核字(2022)第 188449 号

责任编辑：刘金喜
封面设计：范惠英
版式设计：妙思品位
责任校对：成凤进
责任印制：曹婉颖

出版发行：清华大学出版社
网　　址：https://www.tup.com.cn，https://www.wqxuetang.com
地　　址：北京清华大学学研大厦 A 座　　邮　编：100084
社 总 机：010-83470000　　邮　购：010-62786544
投稿与读者服务：010-62776969，c-service@tup.tsinghua.edu.cn
质 量 反 馈：010-62772015，zhiliang@tup.tsinghua.edu.cn

印 装 者：三河市人民印务有限公司
经　　销：全国新华书店
开　　本：185mm×260mm　　印　张：17.25　　字　数：522 千字
版　　次：2022 年 10 月第 1 版　　印　次：2024 年 8 月第 3 次印刷
定　　价：59.80 元

产品编号：098033-01

前言

ERP(Enterprise Resource Planning,企业资源计划)沙盘是高校经管类专业,尤其是财会类专业的必修课程之一。它的内涵和体系十分丰富,涉及企业战略管理、市场营销、财务管理、供应链管理、生产运作管理等诸多领域,可以说是一项充满丰富管理元素的系统工程。

ERP沙盘真实模拟了企业实际经营的全过程。在ERP的逻辑中,企业要先做好战略规划和市场分析,然后进行市场竞单。企业拿到订单后,进行筹资,根据订单进行原材料采购、厂房购置、生产线安装、产品生产。生产完毕后,按单交货,取得销售收入,支付相关税费。这其中还涉及贴现、支付利息、支付违约订单的违约金、产品研发、市场开发等诸多的企业管理元素。随着ERP的普及,如今,全国各地都有相应的ERP比赛,高校中也有ERP沙盘协会。例如,广东省每年5月份左右,会有ERP模拟企业经营大赛,由广东省共青团、教育厅、科技厅等多家单位联合举办,吸引了省内几十所高校参加和角逐。

学生学习ERP沙盘课程,可以锻炼他们的团队协作、战略分析、市场分析、财务分析、供应链管理等诸多能力,可以培养他们积极拼搏、不畏困难、勇于探索的精神,同时也给予了他们一次将所学的企业管理相关知识应用到模拟企业经营中的难得机会,鼓励他们学以致用。

大学生获得真知的必经之路是知行合一、理论结合实践。企业管理类知识永远要结合企业管理实践。但大学生受客观条件所限,不可能每个人都有感受真实企业管理的机会。这样的情况下,ERP沙盘可以起到某种补充和弥补作用。因为,沙盘模拟本质上是对企业经营过程的近似模拟与角色模拟。

在ERP沙盘模拟中,团队协作的作用更加凸显,它克服了单枪匹马式的个人英雄主义,强调企业经营的成功离不开团队的力量,特别是在约创沙盘系统中,各角色之间的协同作用被发挥得淋漓尽致。例如,生产总监与采购总监密切配合,才能不耽误生产周期,保证产品按计划入库;销售总监与生产总监密切配合,才能不耽误交货期,保证企业尽早获得销售收入,避免产生订单违约金;等等。这其中每个环节都环环相扣,需要各个角色之间的紧密配合。这样的学习方式,对于培养和锻炼学生们的团队沟通与协作能力,大有裨益。

本书主要有两大特点:①强调实践性。全书以工业企业的经营过程为主线,以约创云平台为基础,形象、深刻地展示了企业经营的一般过程,是对工业企业生产经营过程的近似刻画与模拟,注重实操,更强调实践。学生通过体验式学习,可以极大地锻炼团队协作、战略分析、市场分析、财务分析、供应链管理等方面的能力。②强调通俗性。在实操部分,尽可能地通过操作截图演示操作步骤,力求通俗易懂、言简意赅、一目了然,方便学生熟悉、掌握。

本书支持多样化的教学方式。ERP沙盘模拟经营的教学组织形式不同于以往的"填鸭式"教育,课堂教学的主角是学生而不是教师。教师承担导学角色,主要作用是引导学生学习,可采用分组讨论、角色扮演、情景模拟、案例分析、教师点评等多样化的教学方式。

自2010年开始,ERP沙盘就是广东理工学院会计学院学生的必修课,因此,广东理工学院教务处大力倡导各院系根据自身的条件和资源自编教材。衷心感谢广东理工教务处王康华处长、周红梅副处长、会计学院盛洁院长、赵燕副院长等领导对本书的大力支持。这些年的ERP沙盘教学和大学生的ERP沙盘竞赛，为本书的编写提供了经验积累和实践基础。另外，本书的编写得到了新道科技股份有限公司的大力支持，书中所使用的系统是新道约创沙盘系统，也是广东省 ERP 模拟企业经营大赛指定系统。

教材付梓之际，非常感谢广东理工学院会计学院的罗安国教授在百忙之余审阅了教材全稿。本书的编者都任教于广东理工学院会计学院，有着丰富的 ERP 教学经验。广东理工学院 ERP 沙盘协会的陈蔚兴、何鉴洲、唐铭淇、梁群智、何倩婷、黄宽莎、洪志明、陈罗辉等同学在日常训练中摸索和总结出了诸多优秀方案，并且向全校的同学们宣传和普及 ERP 知识；会计学院的同学们在学习 ERP 沙盘课程的过程中，也提出了一些宝贵意见，使得教材内容更加丰富和完善，在此一并致谢！

尽管编者在编写过程中做了大量的工作，也多次对原稿进行修改和校对，但因为水平有限，书中难免存在疏漏和不足之处，恳请各位专家、同行和读者不吝赐教、批评指正，以便将来予以完善和修订。

本书 PPT 教学课件和实验报告书可通过扫描下方二维码下载。

教学资源下载

编 者

2022 年 5 月

目　　录

第一章　ERP沙盘总论 ················ 1
第一节　走近ERP模拟沙盘 ········· 1
第二节　沙盘的由来和ERP沙盘的概念 ··· 2
　一、沙盘的由来 ······················ 2
　二、ERP沙盘的概念 ················· 2
第三节　ERP沙盘模拟课程 ········· 2
　一、课程教学模式 ···················· 2
　二、课程目标 ························ 4

第二章　约创ERP沙盘规则及团队组建 ···· 5
第一节　约创ERP沙盘及规则介绍 ····· 5
　一、约创ERP沙盘简介 ··············· 5
　二、规则介绍 ························ 6
第二节　岗位角色设置与操作指引 ···· 12
　一、总经理职责与操作指引 ·········· 12
　二、财务总监职责与操作指引 ········ 16
　三、销售总监职责与操作指引 ········ 20
　四、生产总监职责与操作指引 ········ 22
　五、采购总监职责与操作指引 ········ 24
第三节　约创ERP沙盘模拟经营流程与要点 ···· 27
　一、年初 ···························· 27
　二、年中 ···························· 30
　三、年末 ···························· 40

第三章　约创ERP沙盘2年经营操作指引 ···· 41
第一节　第一年的经营过程 ········· 41
　一、年初工作 ······················ 41
　二、年中工作 ······················ 48
　三、年末工作 ······················ 60

第二节　第二年的经营过程 ········· 67
　一、年初工作 ······················ 67
　二、年中工作 ······················ 70
　三、年末工作 ······················ 77

第四章　约创ERP沙盘4年经营操作指引 ···· 83
第一节　第一年经营过程 ··········· 83
　一、年初工作 ······················ 83
　二、年中工作 ······················ 89
　三、年末工作 ······················ 153
第二节　第二年经营过程 ··········· 157
　一、年初工作 ······················ 157
　二、年中工作 ······················ 160
　三、年末工作 ······················ 222
第三节　第三年经营过程 ··········· 225
　一、年初工作 ······················ 225
　二、年中工作 ······················ 226
　三、年末工作 ······················ 228
第四节　第四年经营过程 ··········· 231
　一、年初工作 ······················ 231
　二、年中工作 ······················ 232
　三、年末工作 ······················ 234

第五章　约创ERP沙盘实训规范与要求 ···· 239
第一节　登录平台网址 ············· 239
第二节　实训要求 ················· 240
　一、费用表 ························ 240
　二、利润表 ························ 241
　三、资产负债表 ···················· 241

四、总经理经营报表 …………… 242
五、销售总监经营报表 ………… 243
六、生产总监经营报表 ………… 243
七、采购总监经营报表 ………… 244
八、财务总监经营报表 ………… 245

第三节 评分标准 ……………………… 245
 一、目的 …………………………… 245
 二、实验课程考核方法与标准 …… 246
第四节 平时实训报告与期末总结 …… 247

第一章 ERP 沙盘总论

第一节 走近 ERP 模拟沙盘

ERP(Enterprise Resource Planning，企业资源计划)模拟沙盘是面向经济管理类学生开发的一款仿真模拟企业运营实务的教学软件平台。ERP 模拟沙盘的宗旨是以企业运营和财务管理为核心环节，在模拟的企业经营内外部环境下，设计了从企业购进原料、生产产品、销售产品、技术研发等供应链流程，要求学生以团队或个人形式，通过人机对抗方式或物理手工方式分角色虚拟运营一家工业企业。着重训练学生从财务总监(CFO)的角度综合运用企业管理、财务管理、会计、税法、市场营销等理论知识实际运作企业的能力。

沙盘模拟作为一种体验式的教学方式，是继传统教学及案例教学之后的一种教学创新。借助 ERP 沙盘模拟，可以强化学生的管理知识、训练管理技能、全面提高学员的综合素质。沙盘模拟教学融理论与实践于一体、集角色扮演与岗位体验于一身，可以使学生在参与、体验中完成从知识到技能的转化。

ERP 沙盘模拟通过对企业经营管理的全方位展现及模拟体验，可以使学生在以下几方面获益。

1. 战略管理

成功的企业一定有着明确的企业战略，包括产品战略、市场战略、竞争战略及资金运用战略等。从最初的战略制定到最后的战略目标达成分析，经过模拟几年的经营管理，历经迷茫、挫折、探索，学生将学会用战略的眼光看待企业的运作，保证业务与战略的一致，在未来的工作中更多地获取战略性成功而非机会性成功。

2. 营销管理

市场营销就是企业用价值不断来满足客户需求的过程。企业所有的行为、资源，无非是要满足客户的需求。通过模拟企业几年中的市场竞争对抗，学生将学会如何分析市场、关注竞争对手、把握消费者需求、制定营销战略、定位目标市场，制订并有效实施销售计划，最终达成企业战略目标。

3. 生产管理

在模拟中，把企业的采购管理、生产管理、质量管理统一纳入生产管理领域后，新产品研发、物资采购、生产运作管理、品牌建设等一系列问题背后的一系列决策问题就自然地呈现在学生面前，它跨越了专业分隔、部门壁垒。学生将充分运用所学知识，积极思考，在不断的成功与失败中获取新知。

4. 财务管理

在沙盘模拟过程中，团队成员将清晰掌握资产负债表、利润表的结构；掌握资本流转如何影响损益；解读企业经营的全局；预估长短期资金需求，以最佳方式筹资，控制融资成本，提高资金使用效率；理解现金流对企业经营的影响。

5. 人力资源管理

从岗位分工、职位定义、沟通协作、工作流程到绩效考评，沙盘模拟中每个团队经过初期组建和短暂磨合，逐渐形成团队默契，最终完全进入协作状态。在这个过程中，各自为战导致的效率低下、无效沟通引起的争论不休、职责不清导致的秩序混乱等情况，可以使学生深刻地理解局部最优不等于总体最优的道理，学会换位思考。只有在组织的全体成员有着共同愿景、朝着共同的绩效目标努力、遵守相应的工作规范、彼此信任和支持的情况下，企业才能取得成功。

6. 基于信息管理的思维方式

通过 ERP 沙盘模拟，学生可以真切地体会到构建企业信息系统的紧迫性。企业信息系统如同飞行器上的仪表盘，能够时刻跟踪企业运行状况，对企业业务运行过程进行控制和监督，及时为企业管理者提供丰富的可用信息。通过沙盘信息化体验，学生可以感受到企业信息化的实施过程及关键点，从而合理规划企业信息管理系统，为企业信息化做好观念和能力上的铺垫。

请同学们牢记以下几点学习建议。

- 只有懂得规则，才能游刃有余。
- 只有认真对待，才能有所收获。
- 只有积极参与，才能分享成功。

第二节 沙盘的由来和 ERP 沙盘的概念

一、沙盘的由来

ERP 沙盘模拟培训来源于军事上的战争沙盘模拟推演。在战争中使用的沙盘是根据地形图或实地地形，按一定的比例用泥沙、石土等材料堆制而成的一种模型，供指挥者研究地形、敌情、作战方案、组织协调和实施训练时使用。用沙盘研究作战情况在我国有着悠久的历史。《史记·秦始皇本纪》中记载："以水银为百川大海，机相灌输，上具天文，下具地理。"

据说，秦在部署灭六国时，秦始皇亲自堆制沙盘研究各国地形，在李斯的辅佐下，由大将王翦领导统一作战。后来，秦始皇在修建自己陵墓时，堆塑了一个大型的地形模型，模型中不仅砌有高山、丘陵、城池等，而且用水银模拟江河、大海，用机械装置使水银流动循环。可以说，这是最早的沙盘雏形，至今已有 2200 多年的历史。这是我国战争史上运用沙盘研究战术的先例。战争沙盘推演跨越了通过实战检验与培养高级将领的巨大成本障碍和时空限制，受到世界各国的普遍运用。今天，沙盘已经广泛应用于社会经济生活的各个领域，尤其是城市规划、房地产开发等。同样，企业在培养优秀管理人才时，也面临培训成本高昂的困扰。因此，英国和美国知名商学院和管理咨询机构开发了 ERP 沙盘模拟培训这一新型现代培训模式。

二、ERP 沙盘的概念

ERP 沙盘也称为 ERP 电子沙盘，是企业资源规划(enterprise resource planning)沙盘的简称，即利用实物沙盘直观、形象地展示企业的内部资源和外部资源。通过 ERP 沙盘可以展示企业的主要资源，包括厂房、设备、仓库、库存物料、资金、职员、订单、合同等各种内部资源；还可以展示包括企业上下游的供应商、客户和其他合作组织，甚至为企业提供各种服务的政府管理部门和社会服务部门等外部资源。一般来说，ERP 沙盘展示的重点是企业内部资源。

第三节 ERP 沙盘模拟课程

一、课程教学模式

不同于传统的课堂灌输授课方式，ERP 沙盘模拟培训通过运用独特直观的教具和沙盘软件，模拟企业真实的内部经营环境与外部竞争环境，结合角色扮演、情景模拟、教师点评，使学生在虚拟的市场竞争环境中，真实经历数年的企业经营管理过程，运筹帷幄，决战商场。ERP沙盘模拟培训一经推出，就以独特新颖的培训模式、深刻实用的培训效果受到企业和高校的青睐。目前ERP沙盘模拟培训已经成为世界500强中大多数企业的中高层管理人员管理培训的首选课程。

ERP沙盘模拟培训将企业的主要流程缩小在整张沙盘上。企业的物流：下原料订单、原料入库、组织生产、接订单销售；企业的资金流：现金、贷款、应收账款、人工成本、设备维修、固定资产折旧等制造费用支出，广告投入、市场开拓、产品研发、ISO认证等管理费用支出等；企业的信息流：市场预测分析、竞争环境、竞争对手经营情况分析等。ERP沙盘模拟培训课程分为电子沙盘和物理手工沙盘两种形式，本书主要介绍ERP电子沙盘，具体是新道约创沙盘系统。

在ERP电子沙盘模拟中，由5名学生组建一个团队，模拟经营一家企业。这5名学生分别扮演总经理(CEO)、财务总监(CFO)、销售总监、生产总监、采购总监。

企业的主要职能定位如下。

(1) 总经理：负责企业长期经营战略决策，制定每年经营规划，分配成员角色，协调团队沟通合作等。
(2) 财务总监：负责企业资金筹措、资金运用、费用成本控制、现金流管理、财务核算等。
(3) 销售总监：负责企业营销战略，新市场开拓规划，新产品研发计划，广告投放策略的制定和执行等。
(4) 生产总监：负责制定企业生产战略，编制和执行生产计划、设备更新计划等。
(5) 采购总监：负责采购计划的制订和执行，企业内部物流控制等。

1. 总经理(CEO)

总经理负责制定和实施公司总体战略与年度经营计划；主持公司的日常经营管理工作，实现公司经营管理目标和发展目标。现代企业的管理结构分为股东会、董事会和经理班子3个层次。在物理沙盘中，省略了股东会和董事会，企业所有的重要决策均由CEO带领团队成员共同决定，如果大家意见相左，则由CEO拍板决定；CEO的最大职责是做出有利于企业发展的战略决策，同时还要负责控制企业按流程运行。与此同时，CEO在实训中还要特别关注每个人是否能胜任其岗位。

2. 财务总监(CFO)

在企业中，财务与会计的职能常常是分离的，有着不同的目标和工作内容。会计主要负责日常现金收支管理，定期核查企业的经营状况，核算企业的经营成果，制定预算及对成本数据的分类和分析。财务主要负责资金的筹集、管理，做好现金预算，管好、用好资金。如果说资金是企业的"血液"，那么财务部门就是企业的"心脏"。财务总监要参与企业重大决策方案的讨论，如设备投资、产品研发、市场开拓、ISO资格认证、厂房购置等。公司进出的任何一笔资金，都要经过财务部门。

3. 销售总监

企业的利润是由销售收入带来的，销售实现是企业生存和发展的关键。销售总监的责任主要是开拓市场、实现销售。为此，销售总监应结合市场预测及客户需求制订销售计划，有选择地进行广告投放，取得与企业生产能力相匹配的客户订单，与生产部门做好沟通，保证按时交货给客户，监督货款的回收，进行客户关系管理。

销售总监需要定期统计与汇总销售数据，充分了解市场，明确竞争对手的动向。

4. 生产总监

生产总监是企业生产部门的核心人物，对企业的一切生产活动进行管理，并对企业的一切生产活动及产品负最终的责任。生产总监既是生产计划的制订者和决策者，又是生产过程的监控者，对企业目标的实现负有重大的责任。他的工作是通过计划、组织、指挥和控制等手段实现企业资源的优化配置，创造最大经济效益。

在ERP沙盘课程中，生产总监负责指挥生产运营过程的正常进行，生产设备的维护与设备变更处理、管理成品库等工作。在本实训中，生产能力往往是制约企业发展的重要因素，因此生产总监要有计划地扩大生产能力，以满足市场竞争的需要。

5. 采购总监

采购是企业生产的首要环节。采购总监负责各种原料的及时采购和安全管理，确保企业生产的正常进行；编制并实施采购供应计划，分析各种物资供应渠道及市场供求变化情况，力求从价格、质量上把好第一关，为企业生产做好后勤保障；进行供应商管理；进行原材料库存的数据统计与分析。

在ERP沙盘课程中，采购总监负责制订采购计划；与供应商签订供货合同；监督原料采购过程并按计划向供应商付款；管理原料库等具体工作；确保在合适的时间点，采购合适的品种及数量的物质。

二、课程目标

1. 树立共赢理念

市场竞争是激烈的，也是不可避免的，但竞争并不意味着势不两立，寻求与合作伙伴之间的双赢、共赢才是企业发展的长久之道。这就要求企业知彼知己，在市场分析、竞争对手分析上做足文章，在竞争中寻求合作，企业才会有无限的发展机遇。

2. 全局观念与团队合作

通过ERP沙盘模拟对抗课程的学习，学员可以深刻体会团队协作精神的重要性。在企业运营这样一艘大船上，CEO是舵手、CFO保驾护航、销售总监冲锋陷阵……在这里，每一个角色都要以企业总体最优为出发点，各司其职，相互协作，才能赢得竞争，实现目标。

3. 保持诚信

诚信是一个企业的立足之本、发展之本。诚信原则在ERP沙盘模拟课程中体现为对"游戏规则"的遵守，如市场竞争规则、产能计算规则、生产设备购置及转产等具体业务的处理。保持诚信是学员立足社会、发展自我的基本素质。

4. 个性与职业定位

每个个体因为拥有不同的个性而存在，这种个性在ERP沙盘模拟对抗中会显露无遗。在分组对抗中，有的小组轰轰烈烈，有的小组稳扎稳打，还有的小组则不知所措。虽然个性特点与胜任角色有一定关联度，但在现实生活中，很多人并不是因为"爱一行"才"干一行"的，更多的情况是需要大家"干一行"就"爱一行"。

5. 感悟人生

在市场的残酷与企业经营风险面前，是"轻言放弃"还是"坚持到底"，这不仅是一个企业可能面临的问题，更是在人生中不断需要抉择的问题，经营自己的人生与经营一个企业具有一定的相通性。

6. 实现从感性到理性的飞跃

在ERP沙盘模拟中，学生经历了一个从理论到实践再到理论的上升过程，把自己亲身经历的宝贵实践经验转化为全面的理论模型。学生借助ERP沙盘推演自己的企业经营管理思路，每一次基于现场的案例分析及基于数据分析的企业诊断，都会使学员受益匪浅，达到磨炼商业决策敏感度，提升决策能力及长期规划能力的目的。

第二章 约创 ERP 沙盘规则及团队组建

第一节 约创 ERP 沙盘及规则介绍

一、约创 ERP 沙盘简介

约创 ERP 沙盘由新道公司开发，是目前主流的 ERP 沙盘系统之一。目前市场上的沙盘系统包括新创业者、商战、约创、百盛等。

新道约创 ERP 系统是企业经营模拟软件系统。该系统在继承企业经营模拟沙盘特点的基础之上，吸收了众多经营类软件的优点，更贴近现实，运行规则及订单可以自由设置，同时可以支持多市场同时开发。

约创 ERP 沙盘模拟课程集知识性、趣味性、对抗性于一体，涉及整体战略规划、产品研发、设备投资改造、生产能力规划、物料需求计划、资金需求计划、市场与销售、财务经济指标分析、团队沟通与建设等多方面的内容。在获得企业经营的感性认识基础上，通过本课程实训又可以在各项决策过程中获取更多管理知识。

每个模拟公司由 5 个岗位(总经理、财务总监、销售总监、采购总监、生产总监)组成，各岗位在线上独立操作，并行作业，各司其职，公司依靠各岗位的协同运作，完成所有经营决策和运作活动。

整体实训操作思路如下。

1. 年初(1 月 1 日开始之前)
(1) 开拓市场和 ISO，为后期能选到更好的订单做准备。
(2) 利用促销广告保证自己订单的优先分配权。
(3) 通过计算自己的产能，进而选择最优的订单。

2. 年中(1 月 1 日—12 月 31 日)
(1) 选单结束后想办法第一个交货。
(2) 总经理规划好自己公司的全年计划，规划下发每个岗位。财务总监进行资金的预控和把握。生产总监安排最合理的生产计划，保证可以交货。采购总监根据生产总监的生产计划进行原材料的订购，保证生产可以顺利进行。销售部随时根据产品的下线进行交货，并且通知财务部进行应收款的收现。
(3) 每年不断地循环，确保自己公司在没有错误操作的同时争取最大的利润。
(4) 如果出现不合理或计划外的事情，可以通过现货交易市场等方式进行补错。
(5) 每个岗位团结一心，不断交流、更新公司情况。

3. 年末(12 月 31 日结束之后)
查看经营结果，及时调整做出下一年的预算和规划。

约创沙盘系统模拟企业经营环境页面"城镇"。"城镇"里有公司大厦、原料订货大厦、订货会、品牌市场大厦、生产车间、银行等工作场所，用光标指向每个工作场所，界面便出现每个工作场所的介绍和简单情况。

需要注意的是，在约创 ERP 中，年初的概念不同于 1 月 1 日，年末的概念也不同于 12 月 31 日，可以这么理解，在约创 ERP 中，每一年的时间进程是按照年初、年中(1 月 1 日—12 月 31 日)、年末 3 个阶段持续进行的。熟悉系统中的基本概念，可以帮助同学们更好地了解约创系统的操作流程。

二、规则介绍

1. 城镇界面

约创 ERP 沙盘系统中，城镇界面如图 2-1 所示，它的主要作用是方便各个角色进入各自的岗位，并在一定程度上起协同作用。

图 2-1　城镇界面

城镇界面功能简介如表 2-1 所示。

表 2-1　城镇界面功能简介

标识名称	功能简介与说明	对应的角色
公司大厦	公司的办公地点，总经理、财务总监、销售总监、生产总监、采购总监办公室	总经理、财务总监、销售总监、生产总监、采购总监
银行	年初、年末不可以操作，年中任何月份财务总监执行长、短贷借款等的操作场所	财务总监
现货交易市场	每年年中任何月份采购总监进行原材料采购和出售多购原材料的操作场所。另外也是销售总监每年年中任何月份进行产品出售的操作场所	采购总监、销售总监
战略市场大厦	总经理投放 按照 60%、30%、10%的比例在未来的 3 年生效	总经理
原料订货大厦	采购总监预订 在采购总监仓库进行货到付款	采购总监
生产车间	生产总监进行产品生产的场所	生产总监
订货会	每年年初由总经理投放促销广告费用，进行选择市场订单，每个竞争企业分别有两轮选单机会，订单系统统一分配	总经理、销售总监

2. 年初资金、时间规则

约创沙盘系统中每个模拟公司经营团队自带岗位初始资金 600 万元，运营过程中，资金不足时，财务总监可以进行贷款业务，以便补充运营资金。

整个运营操作分为4年，每个年度分为年初20分钟，年中运行可分为按天或按季运行计算，年末10分钟。

年初20分钟，投放广告5分钟，系统自动设置两轮订单程序：第一轮订单10分钟，第二轮订单5分钟。在两轮订单中，模拟公司均可根据需求进行抢单。若年中运行按天计算(系统自动认为一年360天，一个月30天，3个月为一季，一年分为12个月)，则系统设置为逐日推进(10秒/每天)，每过10秒，系统会自动推进一天；若按季计算，则系统设置为按季推进(15分钟/季)，每过15分钟，系统自动结束本季状态，并马上进入下一季的运行时间。年初时间规则如表2-2所示。

表2-2 年初时间规则

进程	年初广告	第一轮选单	第二轮选单	年中	年末
时间	5分钟	10分钟	5分钟	15分钟/季	10分钟

3. 产品结构规则

约创系统共有5种产品，分别为P1、P2、P3、P4、P5，生产P1需要1个R2材料，生产P2需要1个R1材料、1个R3材料，生产P3需要1个R1材料、1个R3材料、1个R4材料，生产P4需要1个R2材料、1个R3材料、2个R4材料，生产P5需要1个R3材料、1个P2。产品结构规则如表2-3所示。

表2-3 产品结构规则

产品规则	P1	P2	P3	P4	P5
需R1数量	0	1	1	0	0
需R2数量	1	0	0	1	0
需R3数量	0	1	1	1	1
需R4数量	0	0	1	2	0
需P1数量	0	0	0	0	0
需P2数量	0	0	0	0	1
需P3数量	0	0	0	0	0
需P4数量	0	0	0	0	0

4. 厂房规则

系统为模拟企业提供了4块地皮，并盖好了4个厂房，厂房可以购买也可以租赁，购买价格均为250万元，租赁厂房每年租金价格均为60万元。若租赁厂房，则第一年系统会自动扣除租金，租期为1年，厂房到期前30天内可续租，厂房到期日必须要按时交租，厂房无须折旧。若出售厂房，则出售厂房的款项是应收账款，账期为120天(4期)。若急需现钱，则要进行贴现。厂房规则如表2-4所示。

表2-4 厂房规则

厂房	厂房A	厂房B	厂房C	厂房D
每年租金/万元	60	60	60	60
出售账期/天	120	120	120	120
折旧时限	0	0	0	0
租金滞纳	0	0	0	0
违约金比例	0.1	0.1	0.1	0.1
容忍期/天	30	30	30	30
容忍期OID减值/分	0.1	0.1	0.1	0.1
强制执行OID减值/分	0.1	0.1	0.1	0.1

5. 交货规则

产品市场包括本地市场、区域市场、国内市场、亚洲市场、国际市场。订单需要及时交货，若超过交货时间交货，则扣除交货金额20%的违约金，交货时间容忍期为30天，超过30天没交货，则扣违约金且订单自动失效。违约OID减值为0.3分，失效OID减值为0.1分。订单交货规则如表2-5所示。

表2-5 订单交货规则

项目	违约金比例	容忍期/天	违约OID减值/分	失效OID减值/分	临时订单新增交货期/天	临时订单单价调整率
本地市场	0.2	30	0.3	0.1	90	1
区域市场	0.2	30	0.3	0.1	90	1
国内市场	0.2	30	0.3	0.1	90	1
亚洲市场	0.2	30	0.3	0.1	90	1
国际市场	0.2	30	0.3	0.1	90	1
原料零售	0.25	30	0.3	0.1	0	0
产品零售	0.25	30	0.3	0.1	0	0

6. 原料订货规则

生产原料主要有4种，分别是R1、R2、R3、R4，原材料供应需要提前预订，预订材料不会马上入库，材料到库时需要支付材料款项。到收货日马上收货，若过了收货日还没有收货，则系统会自动扣除材料款10%的违约罚金。到货违约容忍期为20天，过了该期限没有收货，不仅扣罚违约金，这一到货订单也会被强制取消交易。每种材料的保质期是由到货入库日开始计算，80天后保质期过期，在系统原料库内会自动显示失效日期，在失效日期间内(含失效当天)原材料可以用于生产，在原材料失效日后的第一天，系统会自动清除失效材料(包括已经预配到生产线上的原材料)，失效原材料损失价值会自动计入违约罚金款内。原料订货规则如表2-6所示。

表2-6 原料订货规则

类型	R1	R2	R3	R4
第一季度数量	1000	1000	1000	1000
单价	12	12	12	12
到货	30天	30天	60天	60天
质保期	80天	80天	80天	80天
应付期	0	0	0	0
到货违约金比例	0.1	0.1	0.1	0.1
到货违约容忍期	20天	20天	20天	20天

7. 生产线规则

生产线分为手工线、自动线、柔性线3种，模拟企业在购买生产线生产安装前，必须证实厂房已经购买或租赁生产线才可以进行安装。生产线安装需要花费一定的费用，每种生产线安装周期、单期天数、维修费不一样。每种生产线可出售，但出售价格为生产线残值，出售生产线损失计入资产损失。生产线规则如表2-7所示。

表2-7 生产线规则

生产线	手工线	自动线	柔性线
单期安装价格/万元	50	50	50
安装期数	0	3	4
安装单期天数	0	30	30

(续表)

生产周期	2	1	1
生产周期天数	88	75	60
残值/万元	5	15	20
折旧周期	360	360	360
维修费/万元	5	15	20
折旧年限	6	6	6

8. 资质规则

约创系统产品分别为 P1、P2、P3、P4、P5，每个产品研发期、研发金额各不相同。约创系统市场分别为本地市场、区域市场、国内市场、亚洲市场、国际市场，系统自带本地市场和区域市场，其他市场需要模拟企业自行开发，并且每个市场研发期、研发金额各不相同。ISO9000 和 ISO14000 资质认证均为 1 年期，研发期和研发金额相同。

市场开发规则如表 2-8 所示。

表 2-8　市场开发规则

资质名称	本地市场	区域市场	国内市场	亚洲市场	国际市场
研发状态	已研发	已研发	未研发	未研发	未研发
研发期	1	1	1	2	3
单期研发金额	10 万元	10 万元	10 万元	10 万元	10 万元
单期研发时间	1 年	1 年	1 年	1 年	1 年

ISO 开发规则如表 2-9 所示。

表 2-9　ISO 开发规则

资质名称	ISO9000	ISO14000
研发状态	未研发	未研发
研发期	1	1
单期研发金额	10 万元	10 万元
单期研发时间	1 年	1 年

产品开发规则如表 2-10 所示。

表 2-10　产品开发规则

资质名称	P1	P2	P3	P4	P5
研发状态	未研发	未研发	未研发	未研发	未研发
研发期	1	2	3	4	5
单期研发金额	10 万元	10 万元	10 万元	10 万元	10 万元
单期研发时间	30 天	30 天	30 天	60 天	60 天

9. 人员工资酬金规则

不同生产线需配备不同资格级别的生产人员，资格级别不同的生产人员工资酬金不一样。人员工资薪金规则如表 2-11 所示。

表 2-11　人员工资薪金规则

单位：万元

人员	初级工人	中级工人	高级工人
第 0 年基本工资	0	0	0

(续表)

第1年基本工资	0	0	0
第2年基本工资	0	0	0
第3年基本工资	0	0	0
第4年基本工资	0	0	0
第5年基本工资	0	0	0
第6年基本工资	0	0	0
第0年计件工资	4	5	6
第1年计件工资	4	5	6
第2年计件工资	4	5	6
第3年计件工资	4	5	6
第4年计件工资	4	5	6
第5年计件工资	4	5	6
第6年计件工资	4	5	6

10. 技改规则

模拟企业可以对安装完成的生产线进行技术改造，从而减少产品生产天数，一次技改减少的生产天数=当期每期生产天数×技改提升比例，不同生产线技改单期天数、价格、周期、技改次数不同。技改规则如表2-12所示。

表2-12 技改规则

生产线	手工线	自动线	柔性线
技改周期	1	1	1
技改单期天数	20	20	20
技改单期价格/万元	30	20	20
技改提升比例	0.25	0.2	0.2
技改次数上限	2	1	1

11. 转产规则

生产线在停产状态下可以进行转产，在本赛规下只有自动生产线推进两次才能完成转产，手工线与柔性线转产一般不用花费时间和费用。转产规则如表2-13所示。

表2-13 转产规则

生产线	手工线	自动线	柔性线
转产周期	0	2	0
转产单期天数	0	15	0
转产单期价格/万元	0	20	0

12. 预配规则

每条生产线必须配备一定的生产操作工完成，不同生产线需配备的生产人员资格级别不同，例如自动线，最少要配备两名生产人员，其中一名必须是中级以上，另一名可以是其他资格级别的生产人员。预配规则如表2-14所示。

表2-14 预配规则

生产线	手工线	自动线	柔性线
最少工人总数	3	2	2

(续表)

最少初级以上人数	3	0	0
最少中级以上人数	0	1	0
最少高级以上人数	0	0	1

13. 贴现规则

当模拟企业急需现款时，可利用应收账款进行贴现，不同天数的应收账款贴现费用率不同，例如，贴现期为 30 天的贴现费用率为 5%。贴现规则如表 2-15 所示。

表 2-15 贴现规则

贴现期	贴现费用率
30	0.05
60	0.1
90	0.15
120	0.2

14. 贷款规则

当模拟企业急需款项周转时，可向银行进行贷款业务，长期贷款最短借款期为 360 天，最长借款期为 3 年，短期贷款最短借款期为 90 天，最长借款期为 1 年(4 季)；长期贷款最大贷款额度为往年权益 2 倍，短期贷款最大贷款额度为往年权益 3 倍；长期贷款利息率为 10%，短期贷款利息率为 5%，贷款利息违约容忍期均为 30 天，贷款还款违约容忍期均为 25 天，贷款利息和还款违约罚金=利息本金÷还款本金×10%，发生利息违约金和还款违约罚金 OID 扣 0.1 分，发生利息违约强扣金和还款违约强扣金 OID 扣 0.2 分。贷款规则如表 2-16 所示。

表 2-16 贷款规则

贷款类型	长贷	短贷
最短期限	360 天	90 天
最长期限	3 年	4 季
最大额度	2 倍往年权益	3 倍往年权益
还款方式	每年付息，到期还本	到期还本付息
贷款利息	10%	5%
利息违约容忍期/天	30	30
还款违约容忍期/天	25	25
利息违约比例	0.1	0.1
还款违约比例	0.1	0.1
利息违约 OID 减数/分	0.1	0.1
还款违约 OID 减数/分	0.1	0.1
利息强扣 OID 减数/分	0.2	0.2
还款强扣 OID 减数/分	0.2	0.2

15. 费用支出规则

模拟企业每月需交管理费用现金 5 万元，生产线安装完毕满一年后，需要缴纳生产现金维修费，维修费=生产线原值×10%，折旧费用生产线使用满一年后需要计提，计提折旧费用=(生产线原值－残值)÷折旧年限，每月现金缴纳员工福利、所得税、增值税、附加税。费用支出规则如表 2-17 所示。

表 2-17　费用支出规则

类型	计算基数	费用比例	扣减类型	产生条件
管理费	5 万元	1	现金	每月
维修费	生产线原值	0.1	现金	满一年
折旧费	(生产线原值－残值)÷折旧年限	0	价值	满一年
员工福利	基本工资	0.1	现金	每月
所得税	权益－纳税基数	0.2	现金	每年固定日期
增值税	销售额	0.17	现金	每月
附加税	增值税	0.05	现金	每月

16. 年初销售订货规则

1) 第一次订单申请

(1) 第一次提交各市场、各产品订单的产品数量。

(2) 在规定时间内可以多次提交申请，以最后一次提交的为准。

(3) 促销广告投放，提升企业知名度排名。

(4) 提交截止时间，系统自动根据提交申请的企业知名度排名分配订单，并公布分配结果。

2) 第二次订单申请

(1) 公司第二次提交剩余订单的申请。

(2) 在规定的时间内可多次提交订单申请数量，以最后一次提交的订单产品申请数量为准。

(3) 提交截止时间，系统自动按照申请企业的知名度排名分配订单，并公布结果，订货会结束。

第二节　岗位角色设置与操作指引

一、总经理职责与操作指引

总经理在业务经营过程中，主要工作是带领团队进行市场分析、申请岗位经费、投放广告、租用/购买厂房、市场开发、ISO 认证、研发产品、参加订货会。总经理不仅要了解各岗位的主要操作流程，更要熟悉公司的整体经营情况，从而更好地带领整个团队。总经理工作界面如图 2-2 所示。

图 2-2　总经理工作界面

(一) 岗位职责

总经理的岗位职责包括以下几方面内容。

(1) 制定企业发展战略规划(年初)。

(2) 带领整个团队共同完善、执行企业战略规划。

(3) 投放市场广告(每年年初)。

(4) 厂房建设(随时)。

(5) 市场 ISO 资质和开发新产品投资。

(6) 对各个岗位提交的报告进行分析并决策。

总经理的任务清单如表 2-18 所示。

表 2-18 总经理的任务清单

序号	运行期	任务
1	年初	市场开发投资
2	年初	ISO 认证开发投入申请
3	年初	投放促销广告
4	年初	参加订货会，获取订单
5	年中	控制推进日期
6	年中	岗位经费申请
7	年中	品牌广告投放
8	年中	购买/租用厂房
9	年中	续租厂房/买转租/退租
10	年中	产品研发投资
11	年末	商业情报收集
12	年中、年末	填报总经理报表，报表上报

(二) 操作指引

1. 年初订货

总经理进入"订货会"，进行"订单申报""市场分析"及"临时交易"操作。"订货会"界面如图 2-3 所示。

图 2-3 "订货会"界面

2. 战略广告

总经理进入"战略市场"投放战略广告,单击"+"按钮,输入金额,再单击"点击投放"按钮,完成战略广告投放。广告投放将按照 60%、30%、10% 的比例影响未来 3 年的知名度排行。"战略市场"界面如图 2-4 所示。

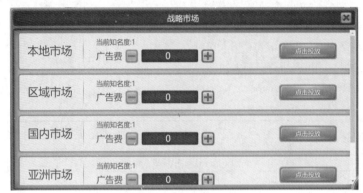

图 2-4 "战略市场"界面

3. 资质开发

总经理可以选择对 P1、P2、P3、P4 进行"市场准入""ISO 认证""产品资质"开发。"产品资质"开发界面如图 2-5 所示。

图 2-5 "产品资质"开发界面

4. 厂房调整

总经理可以进行厂房的出售\购买、转租\租用操作。"厂房调整"界面如图 2-6 所示。

图 2-6 "厂房调整"界面

5. 预算申报

总经理可以向财务总监进行预算申请。注意：总经理、采购总监、生产总监必须向财务总监申请拨款并经过财务总监的批准，否则无法正常开展业务；财务总监也必须关注公司的财务状况，如果预计现金不够，要尽早向银行贷款。"预算申报"界面如图 2-7 所示。

图 2-7　"预算申报"界面

6. 报表上报

总经理可查看并提交各岗位管理人员制作好的财务报表。"财务报表"界面如图 2-8 所示。

图 2-8　"财务报表"界面

7. 填制报表

每个角色都需制作岗位报表。"经营报表"填制界面如图 2-9 所示。

图 2-9　"经营报表"填制界面

二、财务总监职责与操作指引

财务总监单击公司大厦,进入财务总监办公室进行业务操作。财务总监工作界面如图2-10所示。

图2-10 财务总监工作界面

财务总监的主要工作如下。

(1) 向各岗位拨发岗位经费。如果拨款过多,财务总监可以通过"反向拨款"将多余的钱反拨回自己的现金库中。

(2) 贷款。企业一般第一年要进行贷款,因为第一年买或租厂房、建生产线、采购原材料等都需要耗费很多资金,所以往往在第一年就需要贷款,贷款一般只有系统贷款,包括:2季、3季、4季短贷,2年和3年长贷等贷款类型。

(3) 收回销售货款。往来账只有在销售总监提交订单后才会有内容,往来账包括应收账款和应付账款两种,应收账款到期需要财务总监手动回收款项。

(4) 费用支出。费用支出主要包括贷款本金、利息、管理费、维修费、工资及福利等,其中管理费由系统于每月1日自动扣除,利息需要手动提交,超过时间未及时提交的,由系统自动提交的同时扣除相应的违约罚金。

(5) 收支明细。收支明细即指公司所有的费用流出,包括投放广告、购买原材料、租用厂房、建设生产线等的费用,还包括系统自动扣除的管理费、罚金等内容。

(6) 报表上报。每年年末要进行报表上报操作,需手动填写。或者在年中填写,但不能提交,可以先暂时保存,等年末全部填写好后再提交。

(一) 岗位职责

财务总监的岗位职责包括以下几方面内容。

(1) 做好财务管理,为决策者提供企业经营数据。

(2) 筹集(银行)资金,及时、合理贷款及按需使用。

(3) 管理(各部门)资金，做到合理统筹利用资金。
(4) 做好现金预算，管好、用好资金。
(5) 支付各项费用支出，核算成本。
(6) 按时检查各岗位财务报表，做好财务分析。

财务总监在经营一年时间内(包括年初、年中和年末)按顺序执行工作任务。财务总监的任务清单如表 2-19 所示。

表 2-19　财务总监的任务清单

序号	时间	任务清单
1	年初	拨款：由总经理提出拨款申请，财务总监审批通过即可
2	年中	❏ 银行贷款：按照资金需求进行款项的申贷； ❏ 往来账：应收账款到账，手动单击回收； ❏ 费用支出：利息支付时间到达，手动输入利息金额并单击提交； ❏ 拨款：采购总监、生产总监等其他角色出现款项申请时，需要财务总监进行审批拨款，一旦拨款成功，财务总监的现金余额就会相应地减少； ❏ 反向拨款：财务总监可以通过反向拨款将其他角色暂时不需要的资金进行反向回拨，以便自己或其他角色使用
3	年末	❏ 填制报表：每年年末，财务总监需要手动填写经营报表并提交，或者在年中填写并暂时保存，等年末都填写完毕再提交； ❏ 报表上报：当所有角色的报表都填制完毕后，财务总监需上报提交利润表、资产负债表，提交只需单击一次

(二) 操作指引

1. 银行贷款

财务总监单击进入"银行"场景，进行贷款操作。"银行"贷款界面如图 2-11 所示。

图 2-11　"银行"贷款界面

2. 往来账

财务总监单击查看"往来账"，了解公司的应收账款、应付账款等情况。"往来账"界面如图 2-12 所示。

图 2-12 "往来账"界面

3. 费用支出

财务总监查看本月费用支出账单,了解各类费用的支出情况,便于统计成本费用数据,为公司决策提供财务支持。"费用支出"界面如图 2-13 所示。

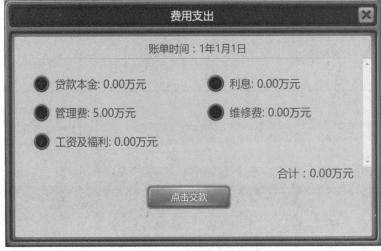

图 2-13 "费用支出"界面

4. 拨款

财务总监查看其他岗位申请的拨款列表,可以进行驳回、批准操作。"拨款"界面如图 2-14 所示。

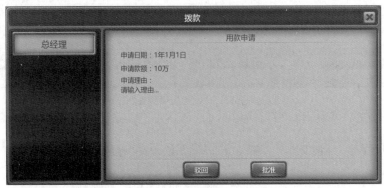

图 2-14 "拨款"界面

5. 反向拨款

财务总监可以直接对其他岗位进行收回拨款操作。"反向拨款"界面如图 2-15 所示。

图 2-15 "反向拨款"界面

6. 收支明细

财务总监可查看企业的收支明细。"收支明细"界面如图 2-16 所示。

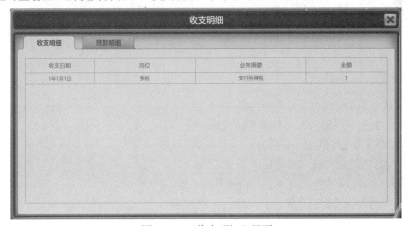

图 2-16 "收支明细"界面

7. 填制报表

财务总监可查看各个岗位制作好的报表并填制和提交财务报表。"财务报表"界面如图 2-17 所示。

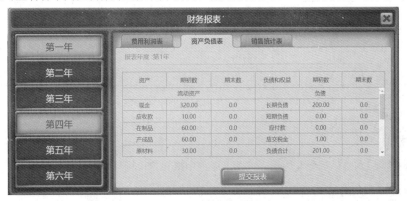

图 2-17 "财务报表"界面

三、销售总监职责与操作指引

销售总监的主要工作任务包括：市场竞单，争取市场订单；计算产能，与生产总监协同；及时交单，避免订单违约。销售总监界面如图 2-18 所示。

图 2-18　销售总监界面

(一) 岗位职责

销售总监的岗位职责包括以下几方面内容。

(1) 协同总经理进行市场分析，制订销售计划(年初)。

(2) 根据企业生产能力取得订单(年初)。

(3) 提前或及时交货(年中任何时间)。

(4) 及时回收应收款(年中交付订单后，协同财务总监)。

销售总监任务清单如表 2-20 所示。

表 2-20　销售总监任务清单

序号	运行期	任务
1	年初	参加订货会，获取订单
2	年中	预算经费申请
3	年中	产品交货
4	年中	现货交易市场出售原料和产品
5	年中	现货交易市场购买原料和产品
6	年中	临时交易市场获取订单
7	年中、年末	填制库存和销售统计表

(二) 操作指引

1. 年初参加订货会

销售总监直接进入"订货会"场景，进行"订单申报""市场分析"及"临时交易"操作。"订货会"界面如图 2-19 所示。

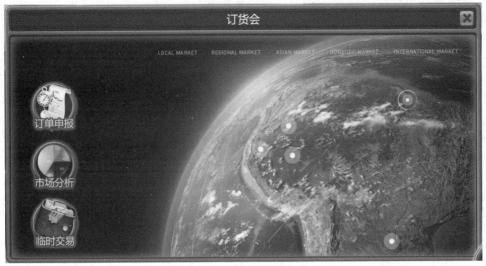

图 2-19 “订货会”界面

2. 自由交易

现货交易市场可以进行零售市场及小组间的自由交易。“现货交易市场”界面如图 2-20 所示。

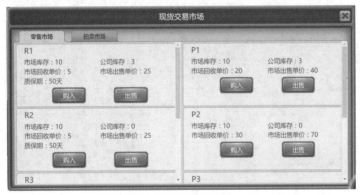

图 2-20 “现货交易市场”界面

3. 填制报表

销售总监制作岗位经营报表。“经营报表”界面如图 2-21 所示。

经营报表

项目	数量	订单收入	违约罚款	销售成本	库存产品数	库存价值
P1	0	0.0	0.0	0.0	0	0.0
P2	0	0.0	0.0	0.0	0	0.0
P3	0	0.0	0.0	0.0	0	0.0
P4	0	0.0	0.0	0.0	0	0.0
P5	0	0.0	0.0	0.0	0	0.0

暂存 提交

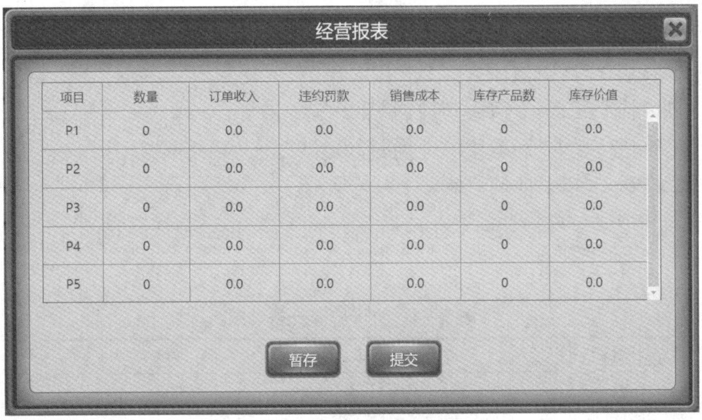

图 2-21 “经营报表”界面

四、生产总监职责与操作指引

生产总监单击公司大厦,进入生产总监办公室进行业务操作,主要工作是向财务总监申请建线资金。生产总监进入厂房建设生产线,生产线的安装需要周期,并且不同类型的生产线安装周期不同,生产线在每个安装周期结束之后都要进行全线推进,这样才能进入下一个安装周期。待生产线安装完毕且原材料入库后,就开始进行生产,生产之前一定要先进行预配并投入产品所需的原材料及工人后,才可以开始生产,在安装、生产环节一定要考虑生产效率,因此,安装和生产一定要保证及时性,不能让设备闲置,要最大限度地提高生产效率,就需要进行预测和决策。待每次生产完成后,要进行全面推进,产品才会自动入库。如果想提升生产线的生产效率,生产线则需要进行技改,技改后可以提高 20%的生产效率,技改需要 20 天的技改周期;生产线还具有转产的功能(例如,之前生产线是生产 P1 产品,通过转产后就可以生产 P2 等其他产品),并且需要转产周期。年末,生产总监需要根据生产明细填写生产经营报表,并由系统自动提交给财务总监汇总。生产总监在经营一年时间内(包括年初、年中和年末)按如图 2-22 所示的顺序执行工作任务。

图 2-22　生产总监工作界面

(一) 岗位职责

生产总监岗位职责包括以下几方面内容。
(1) 负责企业生产管理工作(年初)。
(2) 完成生产计划,控制生产成本(年中任何时间)。
(3) 保持生产正常推进,及时交货(年中任何时间)。
(4) 新建、技改生产设备(年中任何时间)。
(5) 做好生产车间的现场管理,及时对生产线进行预配工作(年中任何时间)。
生产总监任务清单如表 2-21 所示。

表 2-21　生产总监任务清单

序号	运行期	任务
1	年初	了解和知道订单信息
2	年中	岗位现金申请
3	年中	新建生产线

(续表)

序号	运行期	任务
4	年中	转产/技改生产线
5	年中	出售生产线
6	年中	全线推进(厂房内的所有生产线的状态推进)
7	年中	全线开产(厂房内的所有生产线上线开产)
8	年初、年中	生产上线预配
9	年中、年末	填制生产报表

(二) 操作指引

1. 生产明细

生产明细可以查看生产线的详细状态,包括生产线的线型、产品、在制品成本等明细。"生产明细"界面如图 2-23 所示。

生产线	线型	产品	状态	状态期	到期日期	在制品成本	建成日期	当前净值	当前生产速度
1001	手工线	P1	停产	0/0	0-0	0	0-9-5	45	90
1002	手工线	P1	在产	2/2	7-1	20	0-3-5	42.5	90
1003	手工线	P1	在产	2/2	7-1	20	0-11-5	35	90
1004			空闲						
2001			空闲						
2002			空闲						
2003			空闲						
2004			空闲						
3001			空闲						

图 2-23 "生产明细"界面

2. 厂房

生产总监可以对厂房中的生产线进行相关操作,如建线、预配、冻结、转产、技改、出售等。"厂房信息"界面如图 2-24 所示。

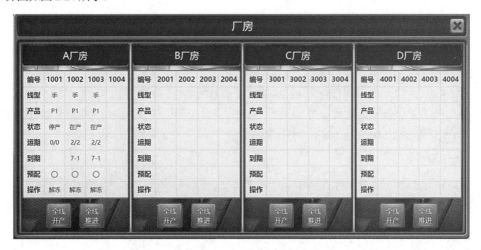

图 2-24 "厂房信息"界面

3. 预算申报

生产总监可以向财务总监进行预算申请。"预算申报"界面如图 2-25 所示。

图 2-25 "预算申报"界面

4. 填制报表

生产总监制作岗位经营报表。"经营报表"界面如图 2-26 所示。

图 2-26 "经营报表"界面

五、采购总监职责与操作指引

采购总监单击公司大厦,进入采购总监办公室进行业务操作。采购总监主要工作是原料采购,涉及两个环节,即签订采购合同(原料订货)和按合同收料。签订采购合同时要注意采购提前期。货物到达企业时,必须照单全收,并按规定支付原料费或计入应付账款。每年中任何月份,采购总监都可以进行原材料采购和出售多购原材料操作,在经营一年时间内按如图 2-27 所示的顺序执行工作任务。

(一) 岗位职责

采购总监岗位职责包括以下几方面内容。
(1) 了解和掌握市场供求信息(年初)。
(2) 实施原材料采购供应计划(年中任何时间)。
(3) 辅助生产总监对准备开产的生产线进行原材料预配(年中任何时间)。
(4) 为企业做好后勤保障(年中任何时间)。

图 2-27 采购总监工作界面

采购总监任务清单如表 2-22 所示。

表 2-22 采购总监任务清单

序号	运行期	任务
1	年初	了解和知道订单信息
2	年中	预算经费申请
3	年中	原料市场预订原料
4	年中	原料仓库收货和付款
5	年中	现货交易市场出售原料
6	年中	现货交易市场购买原料
7	年初、年中	生产上线预配
8	年中、年末	填制采购统计表

(二) 操作指引

1. 原料订货

采购总监可对 R1、R2、R3、R4 原材料进行订货操作。"原料订货"界面如图 2-28 所示。

图 2-28 "原料订货"界面

2. 仓库及订单

采购总监可以查看仓库中的原材料及原材料订单。"仓库及订单"界面如图 2-29 所示。

图 2-29 "仓库及订单"界面

3. 预算申报

采购总监可以向财务总监进行预算申请。"预算申报"界面如图 2-30 所示。

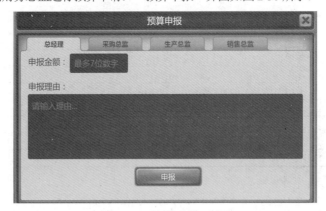

图 2-30 "预算申报"界面

4. 填制报表

采购总监制作岗位经营报表。"经营报表"界面如图 2-31 所示。

图 2-31 "经营报表"界面

第三节 约创 ERP 沙盘模拟经营流程与要点

一、年初

1. 投放广告

在年初，会有 5 分钟时间来进行促销广告的投放。广告资金由总经理直接支付。如果总经理没有现金，则无法投放。因此，在投放广告之前，总经理需要向财务总监申请拨款。投放流程：右下角订货会→选单→投放广告。需注意：广告投放的是市场广告，不针对单一产品，即本地市场投放广告后该市场的所有产品订单均可进行选单。促销广告结束后"促销广告"按钮会消失，生成选单排名。最终排名是按照"促销广告额＋战略市场广告份额＋CSD 值(客户满意度)"进行综合计算。投放广告界面如图 2-32 和图 2-33 所示。

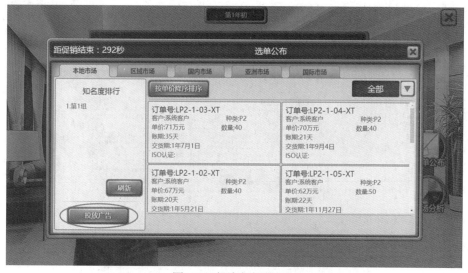

图 2-32 投放广告界面(一)

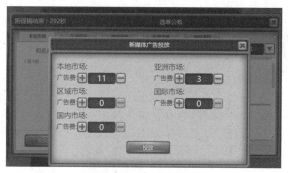

图 2-33 投放广告界面(二)

2. 选单

在年初，会有 10 分钟的第一轮选单和 5 分钟的第二轮选单。促销广告结束后界面会直接跳转到选单界面。选单流程：单击订单"＋"或"－"进行订单数量的选择，确定后单击"选单"按钮，提示选单成功，如图 2-34 所示。

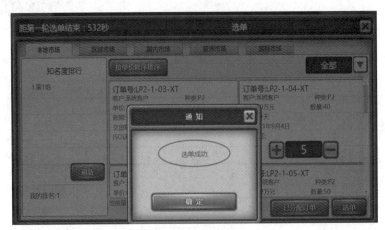

图 2-34 选单成功

第二轮选单方式相同，进行第一轮剩余订单的选择，如在第一轮没有选满可通过第二轮选单进行补救。第二轮"选单"界面如图 2-35 所示。

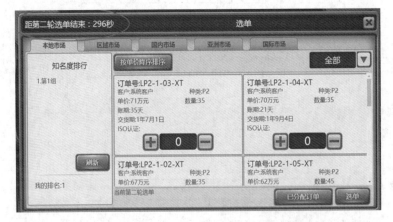

图 2-35 第二轮"选单"界面

"选单结果公布"界面如图 2-36 所示。

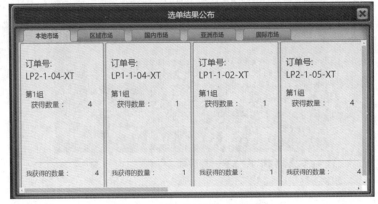

图 2-36 "选单结果公布"界面

注意：

□ 如果两轮选择同一张订单，则实际分配时会将两轮数量添加成同一张订单。

- 第一、二轮选单轮数之间可以通过"已分配订单"查看自己获取的订单。
- 如果当前轮数选择订单数量过多或过少,可以继续"+"或"—"订单数量,并且单击"选单"按钮重新确认最终订单,实际选单按照最后一次单击"选单"按钮为准,如果第一轮已经结束,则第一轮获取的订单将无法修改。
- 按照排名先后进行订单的分配,优先满足排名靠前的需求,选单一共有两次分配机会,分别在两轮选单结束。

3. 市场准入

在年初 20 分钟广告和选单时间段内,可以进行"市场准入"(即开拓市场)操作。开拓资金花费总经理的钱,若总经理没有现金,则无法开拓。"市场准入"流程:左上角公司大厦→总经理办公室→资质开发→市场准入。"市场准入"界面如图 2-37 所示。

图 2-37 "市场准入"界面

注意:

资质开发结束后可以选择具备相应资质的订单,如"区域市场"开发周期为一年。

4. ISO 认证

在年初 20 分钟广告和选单时间段内,可以进行"ISO 认证"操作。认证资金需要总经理直接支付。若总经理没有现金,则无法认证。"ISO 认证"流程:左上角公司大厦→总经理办公室→资质开发→ISO 认证。"ISO 认证"界面如图 2-38 所示。

图 2-38 "ISO 认证"界面

注意：

认证开发结束后可以选择具备相应认证的订单，如 ISO9000 和 ISO14000 开发周期为一年。

二、年中

当日期显示为×年×月×日时，即为进入年中阶段。

1. 总经理办公室

总经理办公室显示界面：头像、时间、资金情况、可操作按钮，如图 2-39 所示。

图 2-39　总经理办公室

1）厂房调整

厂房调整是对厂房进行购买、租用或续租操作，其中，租用的厂房无法进行转租或转卖。厂房调整界面如图 2-40 所示。

图 2-40　厂房调整界面

2）预算申报

各岗位从财务部获取资金的唯一方法就是通过预算申报界面申报。在申报预算时，需选择对应的岗位并输入申报金额，进行申报操作，由财务部审批后即可获取资金。"预算申报"界面如图 2-41 所示。

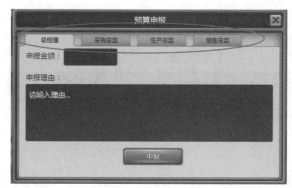

图 2-41 "预算申报"界面

3) 消息中心

消息中心用来查看所有岗位的资金运作情况。"消息中心"界面如图 2-42 所示。

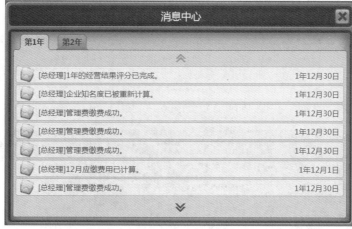

图 2-42 "消息中心"界面

4) 产品资质开发

在年中时间段内,可以进行"产品资质开发"操作。开发资金需要总经理直接支付。如果总经理没有现金,则无法开发。"产品资质开发"流程:左上角公司大厦→总经理办公室→资质开发→产品资质。"产品资质"开发界面如图 2-43 所示。

图 2-43 "产品资质"开发界面

注意:

到期需要手动进行下个周期的开发。

5) 公司详情

公司详情可查看公司内所有岗位的当前情况，如资金状况、产品库存、原料库存、厂房状况、生产线状况、资质状况、操作人员、CSD 的集合、知名度的集合等。公司详情界面如图 2-44 所示。

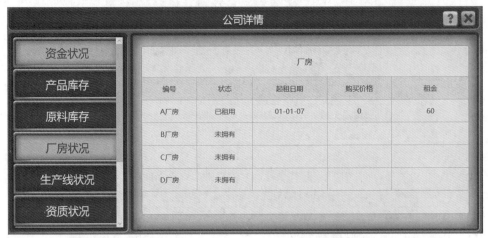

图 2-44　公司详情界面

2. 财务总监办公室

财务总监办公室显示界面：头像、时间、资金情况、可操作按钮，如图 2-45 所示。

图 2-45　财务总监办公室

1) 反向拨款

当某个岗位资金过多时，财务总监可以进行资金的反向调拨，将该岗位资金拨回财务部。反向调拨操作界面如图 2-46 所示。

2) 费用支出

对每个月应交的费用进行手动缴纳。各项应交费金额由系统计算生成，在当月 1 日到 30 日期间都可以进行费用支出操作。"费用支出"界面如图 2-47 所示。

图 2-46 反向调拨操作界面

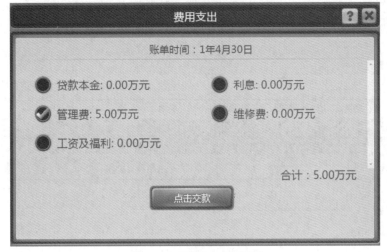

图 2-47 "费用支出"界面

3) 拨款

当某岗位进行资金申报时，财务部可以通过拨款操作进行批准或驳回。如果某岗位的申报没有进行"批准"或"驳回"操作，当前岗位则无法进行二次申报。"拨款"界面如图 2-48 所示。

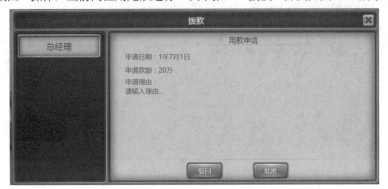

图 2-48 "拨款"界面

4) 往来账

往来账即应收款收现，需要进行手动收现操作，应收款贴现也在此进行操作。"往来账"界面如图 2-49 所示。

图 2-49 "往来账"界面

5) 收支明细

收支明细分为"收支明细"和"贷款明细",可以查看所有岗位的各项资金流向和贷款的时间、金额及利息、支付税额等。"收支明细"界面如图 2-50 所示,"贷款明细"界面如图 2-51 所示。

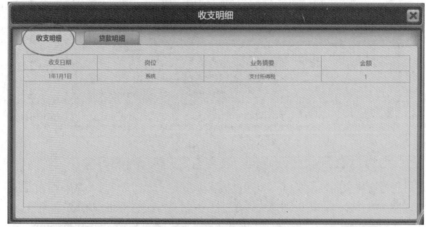

图 2-50 "收支明细"界面

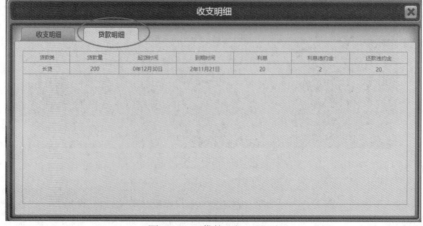

图 2-51 "贷款明细"界面

3. 采购总监办公室

采购总监办公室显示界面：头像、时间、资金情况、可操作按钮，如图 2-52 所示。

图 2-52　采购总监办公室

采购总监进行仓库和订单操作。仓库和订单用来查看原材料库存和原材料订单情况，如图 2-53 所示。

图 2-53　仓库订单和原材料订单查询

4. 销售总监办公室

销售总监办公室显示界面：头像、时间、资金情况、可操作按钮，如图 2-54 所示。

图 2-54　销售总监办公室

1) 仓库和订单

仓库和订单用来查看产品的库存和详细订单及进行交货操作。订单交货分为"待交""完成""违约未完成""违约已交"和"违约取消"5 种情况。"仓库和订单"界面如图 2-55 所示。

图 2-55 "仓库和订单"界面

2) 生产明细

生产明细可查看到每个厂房里生产线上的生产状况、完工到期日等所有明细,如图 2-56 和图 2-57 所示。

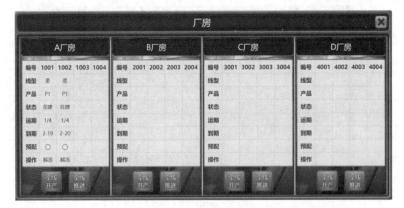

图 2-56 生产明细查询(一)

图 2-57 生产明细查询(二)

3) 全线推进

当生产线在建、技改、转产、生产周期更换时间到期后,可进行"全线推进"操作,进入下一个阶段。全线推进界面如图 2-58 所示。

图 2-58　全线推进界面

4) 生产预配

对生产线预配原材料和工人,当开始生产后就可以进行下一次预配,不用等到产品下线。预配后跨年没有生产,原材料和工人将会在年末自动清空。"生产预配"界面如图 2-59 所示。

图 2-59　"生产预配"界面

5) 转产

转产即进行生产线产品类型的转变。只有当生产线处于停产状态才可以进行"转产"操作,并且生产总监的资金账户需有足够支付转产费用的资金才可以转产,如图 2-60 所示。

图 2-60　转产

6) 技改

技改即缩短当前生产线的生产周期。技改效果是永久的,只有当生产线处于停产状态时才可以进行"技改"操作。技改次数有限制,不会一直技改下去。每条生产线都可以技改,技改后的生产线会提高生产效率，缩短的生产时间是原生产时间的 10%。一次技改减少的生产时间=当期每期生产天数×技改提升比例。"生产线技改"界面如图 2-61 所示。

图 2-61　"生产线技改"界面

7) 全线开产

全线开产即将停产或待产状态的生产线进行生产操作。开产条件为：生产线必须为预配后的待产状态，生产总监有资金支付加工费。全线开产操作成功界面如图 2-62 所示。

图 2-62　全线开产操作成功界面

5. 现货交易市场

现货交易市场可以进行紧急采购原材料、出售原材料和紧急采购、出售成品操作。材料的购入和出售操作需要采购总监支付费用；产品的购入和出售需要销售总监支付费用。"现货交易市场"界面如图 2-63 所示。

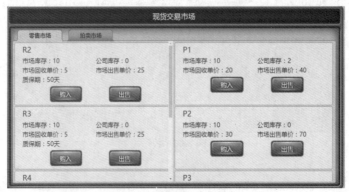

图 2-63　"现货交易市场"界面

6. 战略市场大厦

战略市场大厦可进行投放战略广告操作，将按照不同份额影响之后年份的知名度排行。战略广告的投放，需要总经理支付费用。若总经理没有现金，则无法投放。战略广告份额按照 60%、30%、10%的比例影响第二年、第三年、第四年的知名度。战略广告投放如图2-64所示。

图2-64　战略广告投放

7. 银行贷款操作

银行贷款份额短贷为 10 万元，长贷为20万元，即短贷数量1份，实际贷款额为10万元；长贷数量1 份，实际贷款额为20万元。可在银行贷款操作界面右下角查看已贷额度和可贷额度。银行贷款总贷款量=份数×贷款金额，例如，在可贷额度内需要2季短贷款100万元，则要选2季贷款，单击"点击贷款"按钮，录入10份，获得2季短贷款额100万元。银行贷款如图2-65所示。

图2-65　银行贷款

8. 原料订货大厦

原材料供应量为当前市场所有组数供应量，按年刷新。原材料有质保期，过期后由系统自动收回。原材料订单在采购办公室→仓库订单中查看。原材料订购如图2-66所示。

图2-66　原材料订购

三、年末

年末需要计算填写报表和整理下一年规划。

1. 填制财务报表

每个岗位都需要提交自己的岗位报表。在当前岗位工作不多时可以抽时间统计并填写,进行"暂存"。年末尽量多留时间给财务进行报表的核算,岗位报表年中开始后即可填写。财务总监检查资产负债表是否填平,如果不平,要及时查看是哪个岗位的报表出现了问题,并通知该岗位进行修改后再次提交。"财务报表"界面如图 2-67 所示。

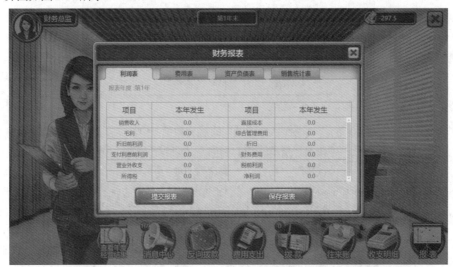

图 2-67 "财务报表"界面

2. 查看年度经营结果

每个角色都可以在办公室界面查看年度经营结果,当前场地所有组的利润、权益和分数及对应的排名均会展现,如图 2-68 所示。

图 2-68 经营结果查询

第三章
约创 ERP 沙盘 2 年经营操作指引

ERP 团队的 5 名成员及其角色分工，如图 3-1 所示，在后续的实训作业中，由 5 名同学第一次进入系统时截取该图。

图 3-1　ERP 团队的 5 名成员及其角色分工

在这 2 年的经营中，由总经理、采购总监、生产总监、销售总监和财务总监共同组建一个团队。在第一年年初，需要总经理统筹安排经营操作，尤其是投放广告操作，以进行市场竞单。

这 2 年方案的基本经营思路如下。

(1) 公司只生产 P1 产品，只接 P1 的市场订单。
(2) 只采购 P1 产品的原材料。
(3) 租 A 厂房，建设 2 条 P1 的柔性生产线。
(4) 第二年选择生产线技改，提高生产效率。
(5) 第一年接 4 个 P1 订单，第二年接 14 个 P1 订单。
(6) 不开发国内市场、亚洲市场、国际市场。

注意：

年初可以进行广告投放、订单申报、ISO 资质开发；年中可以进行产品资质开发、产房调整等；年末才填制各类报表。

需要说明的是，该方案只是大致展示了前 2 年的经营过程，是一个入门级的方案，并不是一个优秀的方案。但是，它的原理和操作相对简单，可以让学员尽快熟悉岗位角色分工与操作，帮助学员快速入门。等学员熟悉岗位操作之后，可以尝试更为高级和有挑战性的方案。

第一节　第一年的经营过程

一、年初工作

年初，总经理在其工作界面(如图 3-2 所示)，单击"预算申报"菜单，填写申报金额，向财务总监申请拨款 100 万元，申请理由为岗位经费。注意，总经理、生产总监、销售总监、采购总监都要向财务总监申请拨款，才能支付相关的费用，否则无法正常开展业务。在系统中，申报理由可以不用填写。"预算申报"界面如图 3-3 所示。

图 3-2　总经理工作界面

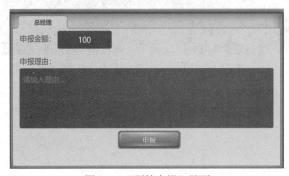

图 3-3　"预算申报"界面

一般情况下，财务总监在其所在工作界面(如图 3-4 所示)，对各岗位的预算申请进行检查，然后再予以批准。同时，要及时关注公司剩余的现金，如果现金不充裕，则需要及时向银行贷款，以免现金流断裂。财务总监批准总经理预算申请，如图 3-5 所示。

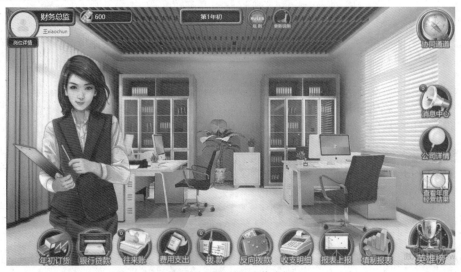

图 3-4　财务总监工作界面

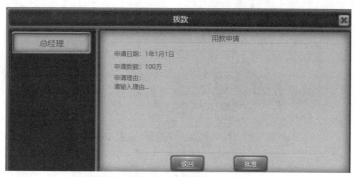

图 3-5　财务总监批准总经理预算申请

年初,总经理需要带领团队共同分析市场形势,制订各项计划,准备广告费用。在该阶段,需要各角色参与和配合,如图 3-6～图 3-10 所示。

注意:

由于这是一个较为简单的方案,因此后续的操作,保留了主要关键环节的截图。

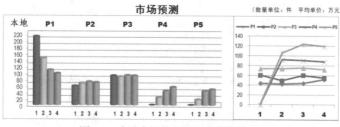

图 3-6　本地市场的产品需求和价格预测

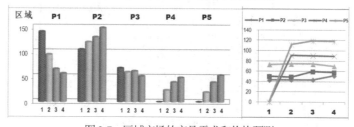

图 3-7　区域市场的产品需求和价格预测

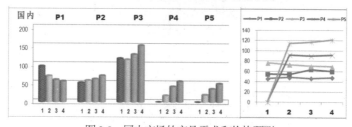

图 3-8　国内市场的产品需求和价格预测

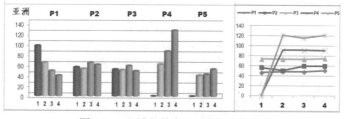

图 3-9　亚洲市场的产品需求和价格预测

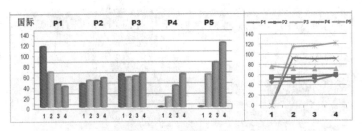

图 3-10　国际市场的产品需求和价格预测

年初，总经理单击"投放广告"菜单，系统自带本地市场、区域市场两个市场，在这两个市场中各填写广告费用 10 万元，如图 3-11 和图 3-12 所示。

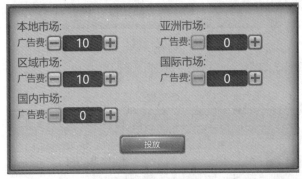

图 3-11　总经理投放广告

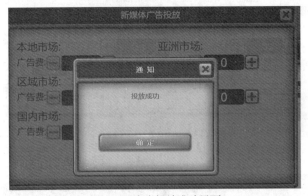

图 3-12　广告投放成功界面

总经理在资质开发界面进行 ISO9000 和 ISO14000 资质开发，岗位经费自动扣除资金各 10 万元，共 20 万元，如图 3-13 所示。

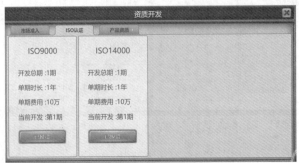

图 3-13　ISO 资质开发

总经理投放广告、资质开发完毕后,可以进行市场选单。注意:在约创 ERP 沙盘系统中,总经理与销售总监都可以进行市场选单,其他角色则无法进行市场选单操作。但是由总经理选单,还是由销售总监选单,则要每个团队根据实际情况来决定。本方案中,若由销售总监负责市场选单,则销售总监还需要计算产能,进而配合生产总监安排生产,完成产能,保证及时交货。

销售总监在所在工作界面(如图 3-14 所示),单击"年初订货"菜单,进入申报订单界面。单击"订单申报",进行第一轮选单,如图 3-15 和图 3-16 所示。

图 3-14　销售总监工作界面

图 3-15　第一轮选单界面

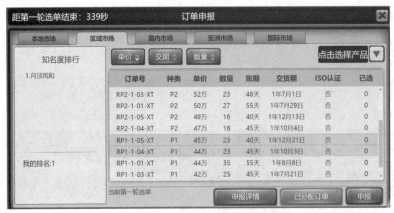

图3-16 "订单申报"界面

销售总监根据系统提供的订单,结合团队成员的方案,选择申报合适的订单。订单申报必须要充分兼顾生产进度与产能安排,否则一旦产能跟不上,就会产生违约,系统会自动扣除违约金。

例如,销售总监申报编号为"RP1-1-05-XT"的订单,直接单击订单编号,在"选择数量"界面,输入订单数量。由于是第一年生产,产能有限,所以这里输入数量为"2",如图3-17所示。

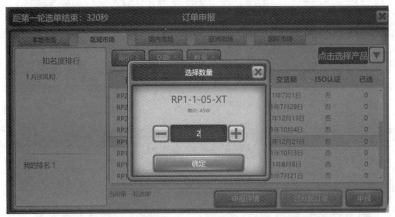

图3-17 第一轮订单申报(一)

又如,销售总监申报编号为"RP1-1-04-XT"的订单,直接单击订单编号,在"选择数量"界面,输入订单数量。由于是第一年生产,产能有限,所以这里输入数量为"2",如图3-18所示。

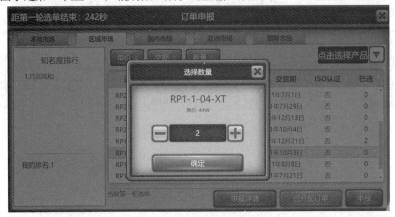

图3-18 第一轮订单申报(二)

至此，第一年的订单已经申报完毕，详情如表 3-1 所示。

表 3-1　第一年的订单申报详情

订单号	市场	产品	单价/万元	申报数量	账期/天	交货期	ISO 认证
RP1-1-04-XT	区域	P1	44	2	45	1-10-3	无
RP1-1-05-XT	区域	P1	45	2	40	1-12-21	无

如果在第一轮选单中，由于竞争激烈，选择的订单数量不够，则可以抓住第二轮选单的机会，再次申报订单，系统默认共有两轮选单的机会。第二轮订单申报如图 3-19 所示。

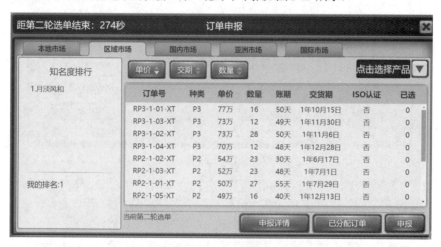

图 3-19　第二轮订单申报

在第一年年初，选完订单之后，销售总监的"仓库订单"信息中显示 2 个订单尚未交货，如图 3-20 所示。

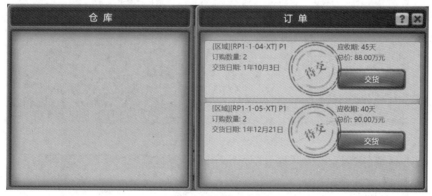

图 3-20　销售订单查询

截至目前，本年度的订单已经确定完毕。接下来就是组织生产，保证及时交货，尽早回收货款。为了保证生产，则必须要建设生产线、储备原材料。这些都是环环相扣的，每个环节都要紧密衔接，每个岗位都要密切配合。

在订单确认完毕后，就可以计算产能。本年度共有 4 个 P1 订单，因此，建设 2 条柔性生产线即可满足需要。计算产能需要考虑以下几方面：①周期。年初的生产线需要安装，安装周期内是无法生产产品的。②生产线的类型和加工周期。不同的生产线，加工周期不一样，计算产品下线的日期也不一样。③生产资源的充分性。即要有充足的生产资金和原材料。④保证订单能及时交货，不至于发生违约。

二、年中工作

当日期显示为×年×月×日时，即为进入年中阶段。年中阶段，总经理可以进行厂房调整和产品资质开发。总经理在"资质开发"界面选择P1产品资质开发，岗位经费自动扣10万元，如图3-21所示。

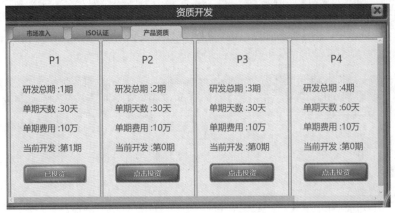

图3-21　P1产品资质开发

总经理在"厂房调整"界面中，选择租用A厂房，岗位经费自动扣发资金60万元，如图3-22所示。总经理在公司详情→厂房状况内查阅到A厂房已租用成功信息，如图3-23所示。总经理单击"预算申报"按钮，进入"预算申报"界面，填写需要申报的金额，以补充日常资金周转需要。

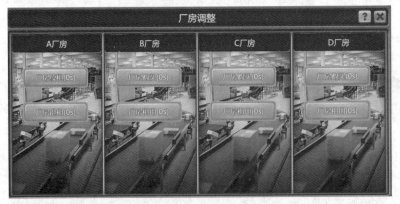

图3-22　总经理租用A厂房

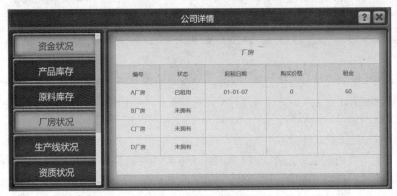

图3-23　厂房信息查询

只有购买或租赁厂房之后，才能建设生产线，进行产品生产，否则生产总监无法开展业务。为了保证业务的连贯性和角色之间的协调性，在总经理租用厂房以后，生产总监需要向财务总监申报预算，便于后续购买或租赁生产线。本方案中，生产总监向财务总监申报了200万元预算，如图3-24和图3-25所示。

图3-24　生产总监工作界面

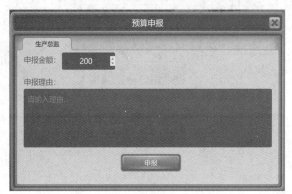

图3-25　生产总监的预算申报

财务总监收到生产总监的预算申请之后，批准该申请，如图3-26所示。

图3-26　财务总监批准生产总监的申请

生产总监收到拨款之后,单击"厂房"按钮,进入"厂房"界面,选择厂房进行建线。本方案选择在 A 厂房进行建线,单击"A 厂房"进入建线界面,再根据产品需要选择生产线进行建线,如图 3-27 所示。

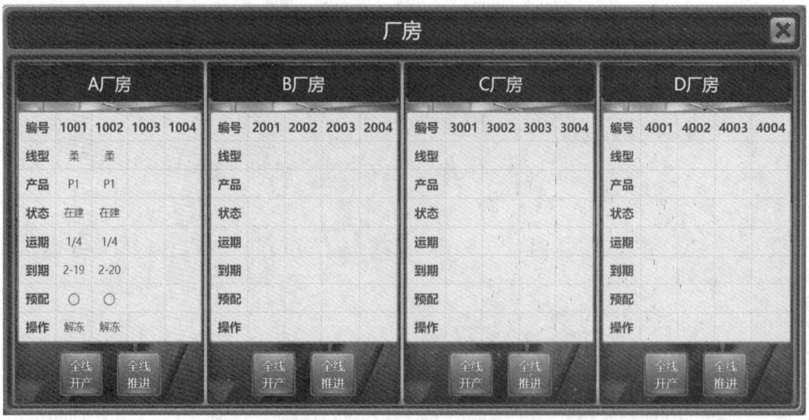

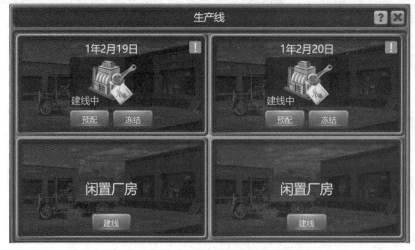

图 3-27　生产总监开始建线

本方案决定建两条生产 P1 的柔性生产线,建线后会显示"建线中"及本次安装运期数的到期时间。本方案目前处于第一个安装运期数,到期时间为 2 月 19 日和 2 月 20 日,如图 3-28 所示。

图 3-28　生产线状态信息

考虑后续还需要花费大量的资金,生产总监继续向财务总监申报 200 万元的预算,如图 3-29 和图 3-30 所示。

图 3-29　生产总监预算申报

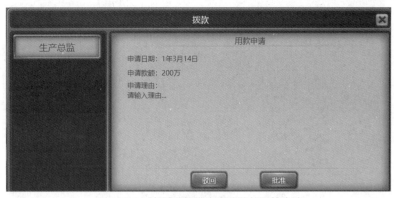

图 3-30　财务总监批准生产总监的用款申请

财务总监在批准生产总监的 200 万元用款申请之后，敏锐地发现公司的现金不太充裕。考虑后续需购买原材料、聘请生产工人等，财务总监决定向银行贷款 1200 万元。财务总监申请贷款，如图 3-31 所示。

图 3-31　财务总监申请贷款

在上一个安装周期到期后，生产总监单击"全线推进"按钮，在提示操作成功后，再单击"确定"按钮，进入下一个安装周期。柔性生产线需要 4 个安装周期，如图 3-32 所示。

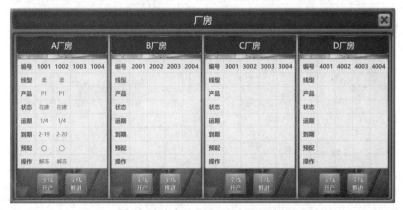

图 3-32　生产总监进行第一期的安装

同样，待 3 月 21 日安装周期到期后，生产总监单击"全线推进"按钮，在提示操作成功后，再单击"确定"按钮，进入下一个安装周期，如图 3-33 和图 3-34 所示。

图 3-33　生产总监进行第二期的安装

图 3-34　生产总监进行第三期的安装

生产总监在进行第二期安装时，采购总监在其工作界面(如图 3-35 所示)可以提前进行订购原材料的操作，否则会处于停工待料的状态。例如，生产线即将在 5 月 21 日建好，若刚好在 5 月 21 日当天购买原材料，则生产线还是会因缺少原材料而处于停工状态，因为原材料下单之后，需要一定的运输期。

图 3-35　采购总监工作界面

采购总监需要配合生产总监提前订购原材料，但也不用提前太早，因为系统中原材料都有一个质保期，超过质保期就会变质，从而造成原材料的浪费。

因此，采购总监需要熟悉原料的质保期、运输期，提前计算好原材料的数量并向财务总监申请资金，以免造成原材料的浪费或原料订单违约。

采购总监向财务总监申请资金购买原材料，如图 3-36 所示，申请资金也可在原材料订货之后。订购原材料时不需要支付资金，货物交货才支付资金，只要保证交货前有足够资金即可。

图 3-36　采购总监申请资金购买原材料

采购总监单击"原材料订货"按钮，进入"原料订货"界面，采购原材料，如图 3-37 所示。原材料数量根据生产线的情况来采购。注意，原材料有保质期，不能采购过多，否则，原材料会变质，不能投入生产，即等于浪费；原材料也不能采购过少，过少会导致生产线停产。因此，采购原材料要根据生产情况适时购买原材料。

图 3-37　采购总监采购原材料

采购总监下单之后，可以查询原材料订单情况，订单显示：原材料到货时间是第 1 年的 4 月 27 日，如图 3-38 所示。

图 3-38　采购总监查询原材料订单

在 4 月 27 日，采购总监必须及时确认收货并付款，否则会造成违约，需支付违约金。采购总监进行"收货"操作，操作成功后，才能完成原材料的采购，将原料入库。进行收货操作时，系统自动执行货款支付操作，从采购总监账户中扣除到货原料的货款总额，如图 3-39 所示。

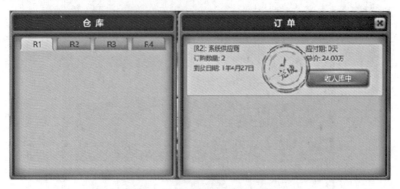

图 3-39　采购总监将原材料入库

5 月 21 日安装到期后，生产总监单击"全线推进"按钮，在提示操作成功后，再单击"确定"按钮，两条柔性生产线安装完毕，生产线的状态也会由"建线中"变为"停产中"，如图 3-40～图 3-42 所示。

图 3-40　生产总监进行第四期的安装

图 3-41　生产线建线中

图 3-42　生产线停产中

在生产线安装完毕前,生产总监单击"厂房"进入生产线界面,然后单击"预配"进行生产线预配,每个 P1 产品需要一个 R2 原材料,单击"R2"图标,选择数量 1,单击"高级工"图标,选择数量 2,然后再单击"确定"按钮,P1 产品预配成功。

待生产线安装完成,就可以开始生产了,具体操作:生产总监单击"厂房"进入生产线界面,然后选择要进行预配的生产线,再单击"预配"按钮,进入"生产预配"界面,然后选择所需要的原材料及生产工人的种类及数量,再单击"确定"按钮,完成生产预配,如图 3-43 所示。生产线安装完毕后,由于生产线已经预配好了,所以单击"全线生产"并显示操作成功后,就开始生产了,并会显示生产周期到期时间为 7 月 28 日(柔性线原生产周期为 60 天,技改后周期为 48 天),如图 3-44 和图 3-45 所示。

图 3-43　生产总监生产预配

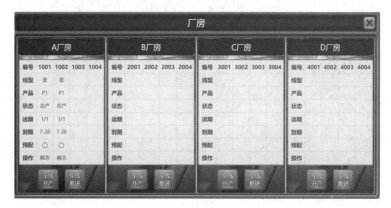

图 3-44　生产总监全线开产

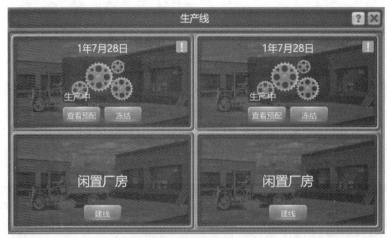

图 3-45　生产线处于生产状态中

在 7 月 28 日生产完毕之前，要先进行预配，这样等生产完毕之后就可以直接进行下一轮生产了，预配的操作与上述相同，此处不再赘述。7 月 28 日生产完毕之后，单击"全线推进"并显示操作成功后，P1 产品生产成功，并自动入库，然后，在保证原材料及生产资金充足的情况下，再单击"全线开产"并显示操作成功后，进入下一轮生产，并显示到期时间。

为了保证生产的不间断，采购总监需要定期采购原材料，如图 3-46～图 3-48 所示。

图 3-46　采购总监进行预算申报

图 3-47　采购总监订购原材料

图 3-48　采购总监将原材料入库

采购总监要继续进行预算申报、下原材料订单、及时保证原材料入库，由于操作步骤与前述相同，所以此处不再赘述。到了 7 月 28 日，2 个 P1 产品下线入库，为了保证生产的连续性，生产总监继续进行下一轮生产，如图 3-49 和图 3-50 所示。

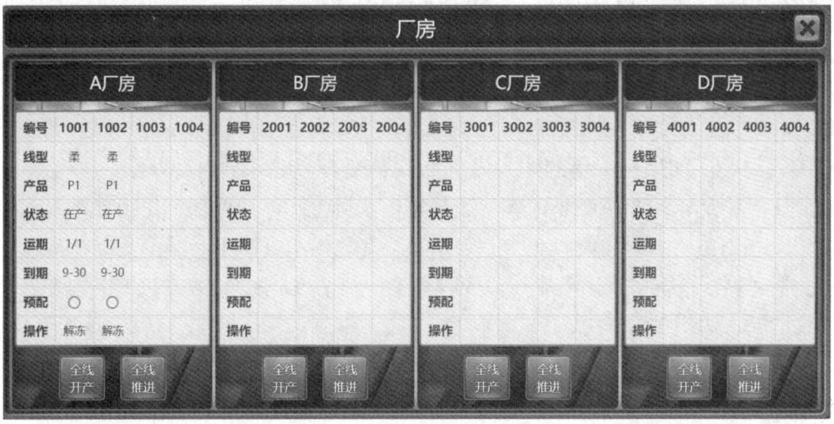

图 3-49　生产总监开始新一轮生产

图 3-50　生产线处于生产状态中

当产品入库后，销售总监可以交货。销售总监优先将编号为 RP1-1-04-XT 的订单交货，原因有以下两个：一是该订单的最迟交货期靠前，是 10 月 3 日，早于另一个订单的 12 月 21 日；二是可以尽早地收回应收账款。通常，交货日期在前的先交货，交货时，销售总监在其工作界面单击"仓库订单"，选择对应的订单，再单击"交货"按钮即可。交货之前，必须要有充足的产品库存，如果产品库存不够，则无法交货。另外，同一个订单必须一次性交货，不能分批交货，如图 3-51 所示。

图 3-51　销售总监将订单交货

需要说明的是，每个订单的交货期，如这里的 10 月 3 日，是最后截止日期，也即在 10 月 3 日当天，必须要交货，可以提前交货。如果晚于 10 月 3 日交货，则系统会保留一定期限，但在该期限之内，需要支付一定的违约金。如果在保留的期限内仍然没有交货，则订单自动取消，并且要支付一定比例的违约金。因此，无论是年初选择市场订单，还是年中安排生产，都要保证尽可能地及时交货，以免造成违约。

销售总监交货之后，系统将默认形成一笔应收账款，到期日是 9 月 16 日，财务总监在当日要及时关注应收账款回收情况，如图 3-52 所示。

图 3-52　交货后的应收账款信息

9 月 30 日之前，要先进行生产线的预配，预配好之后，待 9 月 30 日生产完成并自动入库后，在保证原材料及生产资金充足的情况下，单击"全线开产"并显示操作成功后，进入下一轮生产，并显示 12 月 2 日到期，如图 3-53 所示。

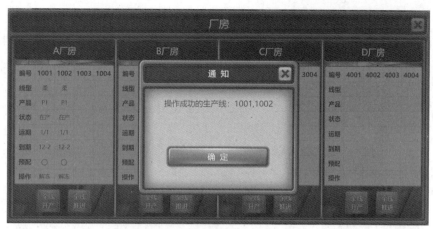

图 3-53　生产总监开始新一轮生产

9 月 30 日，2 个 P1 产品下线。销售总监将剩下编号为 RP1-1-05-XT 的订单交货。至此，第一年全年的 2 个订单全部交货，如图 3-54 和图 3-55 所示。

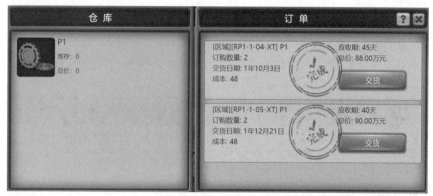

图 3-54　销售总监将订单交货

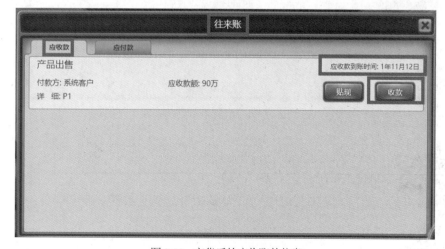

图 3-55　交货后的应收账款信息

12月2日之前，要先进行生产线的预配，预配好后，待12月2日生产完成并自动入库后，在保证原材料及生产资金充足的情况下，单击"全线开产"并显示操作成功后，进入下一轮生产，并显示第二年2月5日到期，如图3-56所示。

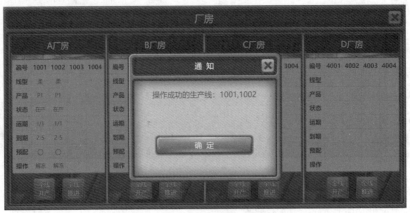

图3-56　生产总监开始新一轮的生产

注意，为保证生产的连续性，必须要保证原材料供应及生产资金充足。这需要生产总监及时、提前向财务总监申请生产资金，也需要采购总监及时采购原材料并保证原材料入库。

另外，为保证公司资金及时到账，财务总监要及时收取往来款项，以便补充公司资金运营需要，如图3-57所示。

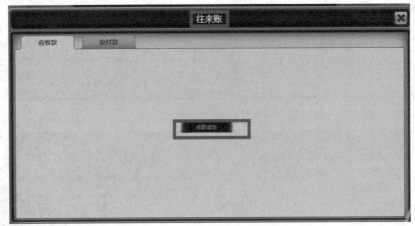

图3-57　财务总监及时收取往来款项

三、年末工作

至此，第一年的经营任务已经接近尾声。第一年年末，每个岗位都要填制经营报表。

1. 总经理

总经理根据本年度实际发生金额填写经营报表，提交给财务总监，如图3-58所示。

图 3-58　总经理填制经营报表

2. 销售总监

销售总监根据本年度的销售订单交货情况，填写销售数量、订单收入、销售成本；查询产品的库存信息，填写库存产品数量、库存价值。例如，第一年，共销售了 4 个 P1 产品，则数量为 4；RP1-1-04-XT 订单销售额为 88 万元，RP1-1-05-XT 订单销售额为 90 万元，则订单收入为 178 万元；由于都是正常交单，所以没有违约罚款；销售成本根据仓库订单交单情况，两张订单都是 48 万元，因此总的销售成本是 96 万元。单击"公司详情"可以查询年末的库存产品数是 2 个 P1，库存价值为 48 万元。填报结束，销售总监单击"提交"按钮，如图 3-59 所示。

项目	数量	订单收入	违约罚款	销售成本	库存产品数	库存价值
P1	4	178	0	96	2	48
P2	0	0.0	0.0	0.0	0	0.0
P3	0	0.0	0.0	0.0	0	0.0
P4	0	0.0	0.0	0.0	0	0.0
P5	0	0.0	0.0	0.0	0	0.0

图 3-59　销售总监填制经营报表

3. 生产总监

年末，即 12 月 31 日，要进行填制报表的工作，首先单击"公司详情"查看生产线折旧及价值状况，其次单击"生产明细"查看在制品的数量及价值信息，最后单击"填制报表"进入经营报表填制界面，根据生产线折旧、价值信息及在制品的数量和价值信息进行填列并保存，如图 3-60～图 3-62 所示。

图 3-60　生产总监查询生产线状况

图 3-61　生产总监查询生产明细信息

图 3-62　生产总监填制经营报表

4．采购总监

采购总监通过查询原材料库存信息和原材料订单，填制经营报表，如图 3-63 所示。

经营报表

项目	库存产品数	库存价值	零售/拍卖收入	零售/拍卖成本	失效和违约价值
R1	0	0.0	0.0	0.0	0.0
R2	0	0.0	0.0	0.0	0.0
R3	0	0.0	0.0	0.0	0.0
R4	0	0.0	0.0	0.0	0.0

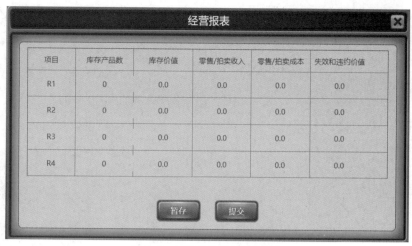

图 3-63 采购总监填制经营报表

5. 财务总监

财务总监可以查询费用明细，填写经营报表，主要包括管理费、现金余额、长期贷款、股东资本等。其他岗位提交经营报表之后，财务总监可以将报表上报，上报后，5 个角色都可以查看本年度的经营结果，并做出下一年的相关决策，如图 3-64～图 3-66 所示。

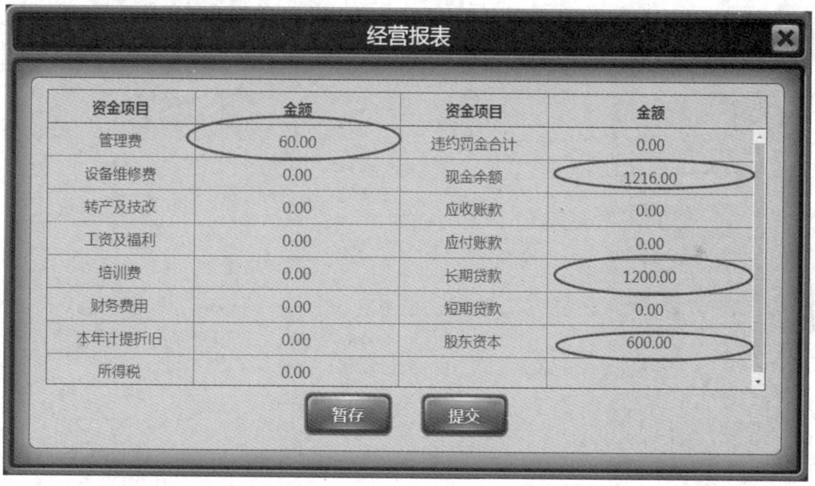

经营报表

资金项目	金额	资金项目	金额
管理费	60.00	违约罚金合计	0.00
设备维修费	0.00	现金余额	1216.00
转产及技改	0.00	应收账款	0.00
工资及福利	0.00	应付账款	0.00
培训费	0.00	长期贷款	1200.00
财务费用	0.00	短期贷款	0.00
本年计提折旧	0.00	股东资本	600.00
所得税	0.00		

图 3-64 财务总监填制经营报表

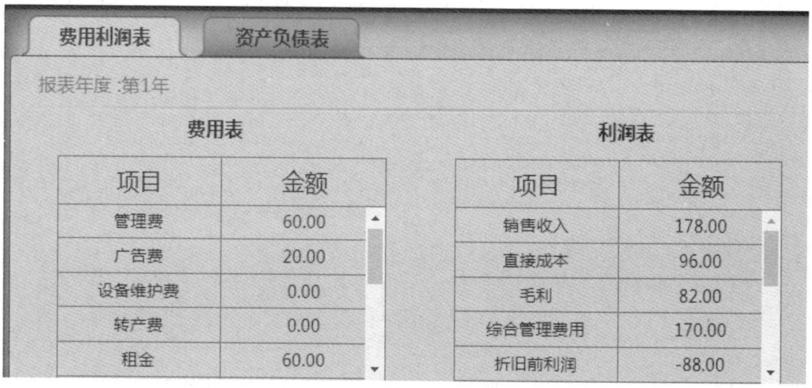

费用表

项目	金额
管理费	60.00
广告费	20.00
设备维护费	0.00
转产费	0.00
租金	60.00

利润表

项目	金额
销售收入	178.00
直接成本	96.00
毛利	82.00
综合管理费用	170.00
折旧前利润	-88.00

图 3-65 财务总监将报表上报

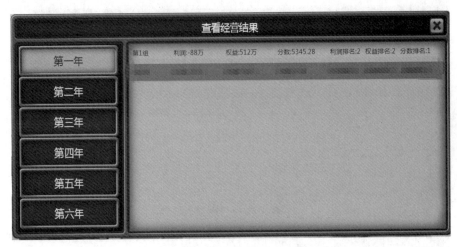

图 3-66　财务总监查看本年度的经营结果

6. 年末报表

图 3-67 和图 3-68 所示是第一年经营状况的财务报表，图 3-69～图 3-71 所示是系统自动生成的报表，方便核对财务报表的正确性。

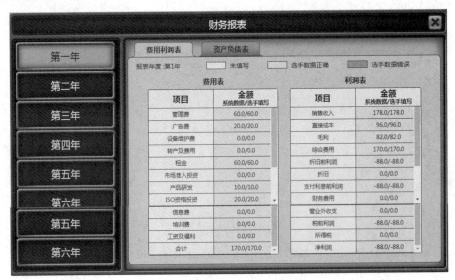

图 3-67　第一年经营状况的财务报表(一)

图 3-68　第一年经营状况的财务报表(二)

序号	项目	本年发生（系统/学生）
1	管理费	60.0/60.0
2	广告费	20.0/20.0
3	设备维护费	0.0/0.0
4	转产及费用	0.0/0.0
5	租金	60.0/60.0
6	市场准入投资	0.0/0.0
7	产品研发	10.0/10.0
8	ISO资格投资	20.0/20.0
9	信息费	0.0/0.0
10	培训费	0.0/0.0
11	工资及福利	0.0/0.0
12	合计	170.0/170.0

图 3-69　系统自动生成的报表(一)

序号	项目	本年发生（系统/学生）
1	销售收入	178.0/178.0
2	直接成本	96.0/96.0
3	毛利	82.0/82.0
4	综合费用	170.0/170.0
5	折旧前利润	-88.0/-88.0
6	折旧	0.0/0.0
7	支付利息前利润	-88.0/-88.0
8	财务费用	0.0/0.0
9	营业外收支	0.0/0.0
10	税前利润	-88.0/-88.0
11	所得税	0.0/0.0
12	净利润	-88.0/-88.0

图 3-70 系统自动生成的报表(二)

序号	项目	年初数（系统/学生）	期末数（系统/学生）
1	现金	600.0/600.0	1216.0/1216.0
2	应收款	0.0/0.0	0.0/0.0
3	在制品	0.0/0.0	48.0/48.0
4	产成品	0.0/0.0	48.0/48.0
5	原材料	0.0/0.0	0.0/0.0
6	流动资产合计	600.0/600.0	1312.0/1312.0
7	土地和建筑	0.0/0.0	0.0/0.0
8	机器与设备	0.0/0.0	400.0/400.0
9	在建工程	0.0/0.0	0.0/0.0
10	固定资产合计	0.0/0.0	400.0/400.0
11	资产总计	600.0/600.0	1712.0/1712.0
12	长期负债	0.0/0.0	1200.0/1200.0
13	短期负债	0.0/0.0	0.0/0.0
14	应付款	0.0/0.0	0.0/0.0
15	应交税金	0.0/0.0	0.0/0.0
16	负债合计	0.0/0.0	1200.0/1200.0
17	股东资本	600.0/600.0	600.0/600.0
18	利润留存	0.0/0.0	0.0/0.0
19	本年利润	0.0/0.0	-88.0/-88.0
20	权益合计	600.0/600.0	512.0/512.0
21	负债+所有者权益总计	600.0/600.0	1712.0/1712.0

图 3-71 系统自动生成的报表(三)

第二节 第二年的经营过程

一、年初工作

第二年年初，总经理在本地市场和区域市场各投放 10 万元的广告费，如图 3-72 所示。

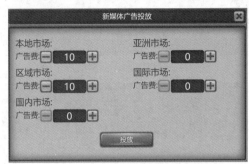

图 3-72 总经理投放广告

第二年年初，总经理对 A 厂房进行续租处理，系统自动扣除一年租金 60 万元，如图 3-73 所示。

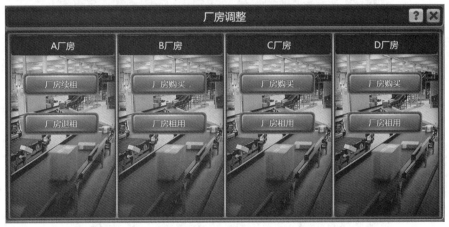

图 3-73 总经理续租 A 厂房

本年度，计划对 2 条 P1 产品的柔性生产线进行技术改造，原先的 60 天生产周期可以降到 48 天，缩短了生产周期。再加上在产品数量，在保证原材料和资金充足的情况下，如果不增加新的生产线，则最多可以申报 14 个 P1 产品订单。

销售总监申报编号为"LP1-2-01-XT"的订单，直接单击订单编号，在选择数量界面，输入订单数量"2"，如图 3-74 所示；申报编号为"RP1-2-01-XT"的订单，直接单击订单编号，在选择数量界面，输入订单数量"2"，如图 3-75 所示；申报编号为"RP1-2-02-XT"的订单，直接单击订单编号，在选择数量界面，输入订单数量"2"，如图 3-76 所示；申报编号为"RP1-2-03-XT"的订单，直接单击订单编号，在选择数量界面，输入订单数量"2"，如图 3-77 所示；申报编号为"RP1-2-04-XT"的订单，直接单击订单编号，在选择数量界面，输入订单数量"2"，如图 3-78 所示；申报编号为"LP1-2-04-XT"的订单，直接单击订单编号，在选择数量界面，输入订单数量"2"，如图 3-79 所示；申报编号为"LP1-2-03-XT"的订单，直接单击订单编号，在选择数量界面，输入订单数量"2"，如图 3-80 所示。

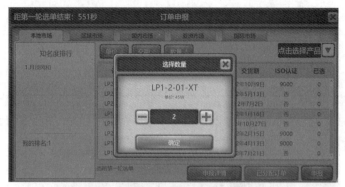

图 3-74　销售总监申报市场订单(一)

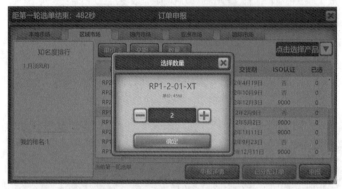

图 3-75　销售总监申报市场订单(二)

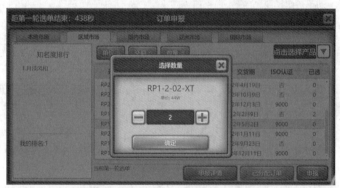

图 3-76　销售总监申报市场订单(三)

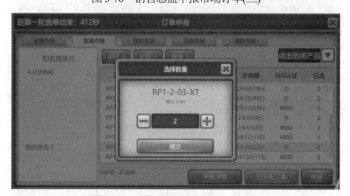

图 3-77　销售总监申报市场订单(四)

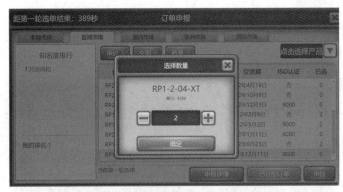

图 3-78 销售总监申报市场订单(五)

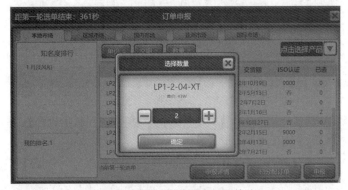

图 3-79 销售总监申报市场订单(六)

图 3-80 销售总监申报市场订单(七)

第二年年初，共申报了 14 个 P1 产品订单。第二年申报的市场订单详情如表 3-2 所示。

表 3-2 第二年申报的市场订单详情

订单号	市场	产品	单价/万元	申报数量	账期/天	交货期	ISO 认证
LP1-2-01-XT	本地	P1	45	2	70	2-1-16	否
LP1-2-03-XT	本地	P1	40	2	64	2-7-21	否
LP1-2-04-XT	本地	P1	43	2	60	2-10-27	否
RP1-2-01-XT	区域	P1	45	2	72	2-2-9	否
RP1-2-02-XT	区域	P1	44	2	69	2-5-2	是
RP1-2-03-XT	区域	P1	43	2	63	2-9-23	否
RP1-2-04-XT	区域	P1	42	2	59	2-12-11	是

二、年中工作

为保证生产顺利进行,采购总监向财务总监申报预算,并订购了原材料,如图 3-81 和图 3-82 所示。

图 3-81 采购总监预算申报

图 3-82 采购总监订购原材料(一)

为保证生产的连续性,采购工作必须要连续和稳定。由于后续的采购流程都相同,所以下文不再具体描述操作流程,如图 3-83~图 3-86 所示。

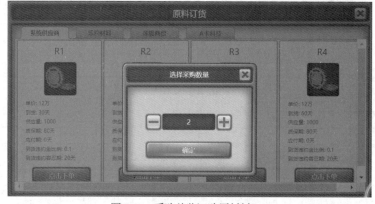

图 3-83 采购总监订购原材料(二)

图 3-84 采购总监订购原材料(三)

图 3-85 采购总监订购原材料(四)

图 3-86 采购总监订购原材料(五)

第二年 2 月 25 日，生产完成后，单击"全线推进"并显示操作成功后，产品 P1 生产完成并自动入库，现在我们决定对该方案进行生产线技改，技改周期为 20 天，所以暂时可以不进行预配，技改周期后再进行生产预配。

技改需要 20 万元的资金，若资金不够，则需要先进行预算申报，操作步骤与前面一样。

生产总监单击"厂房"进入生产线界面，再单击"技改"对两条生产线进行技改，完成后，再单击"确定"按钮，进入技改期间，并显示技改完成时间分别为第二年 2 月 30 日和 3 月 1 日，在技改期间要进行生产预配，技改完成后即可进行生产，如图 3-87～图 3-94 所示。

生产总监后续分别在 4 月 23 日、6 月 19 日、8 月 9 日、9 月 29 日、11 月 19 日开始产品入库操作，进行新一轮生产。

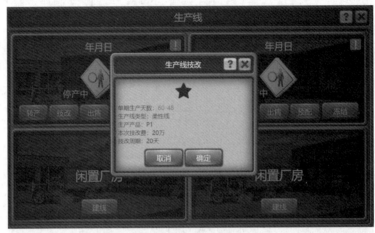

图 3-87　生产总监选择技改(一)

图 3-88　生产总监选择技改(二)

图 3-89　生产线在技改中

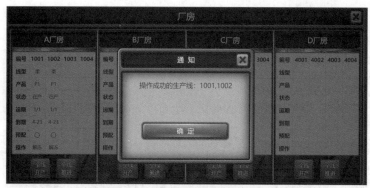

图3-90　生产总监开始新的生产(一)

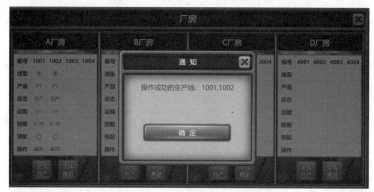

图3-91　生产总监开始新的生产(二)

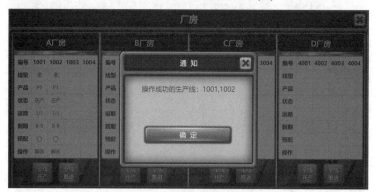

图3-92　生产总监开始新的生产(三)

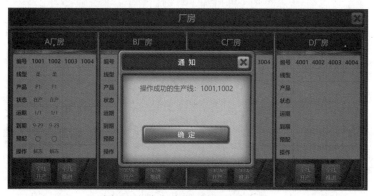

图3-93　生产总监开始新的生产(四)

图3-94 生产总监开始新的生产(五)

当产品下线入库后,销售总监要及时予以交货。本年度第一个订单因延迟交货,被系统扣除了18万元的违约金,其他订单都及时交货,如图3-95~图3-98所示。

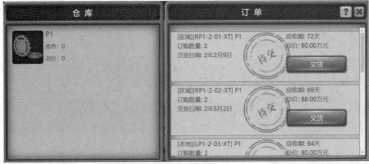

图3-95 销售总监交货情况(一)

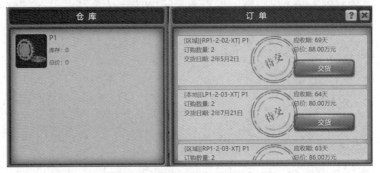

图3-96 销售总监交货情况(二)

图3-97 销售总监交货情况(三)

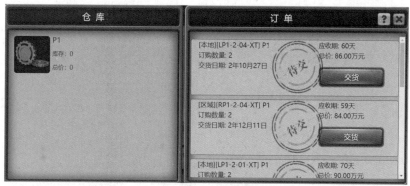

图 3-98　销售总监交货情况(四)

销售总监交货之后，系统会自动会形成一笔对应的应收账款，财务总监需要及时根据系统提示，按时收款，如图 3-99～图 3-104 所示。

图 3-99　第二年第一个订单交货之后的应收账款情况

图 3-100　第二年第二个订单交货之后的应收账款情况

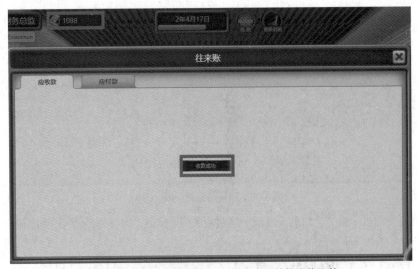

图3-101　财务总监收回第二年第二个订单的应收账款

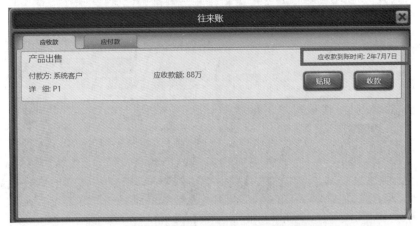

图3-102　第二年第三个订单交货之后的应收账款情况

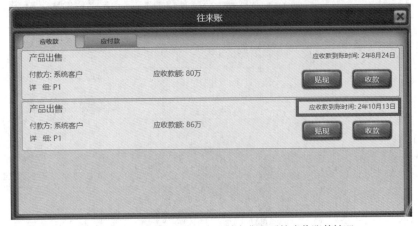

图3-103　第二年第四、第五个订单交货之后的应收账款情况

图3-104 第二年第六、第七个订单交货之后的应收账款情况

三、年末工作

第二年年末,各岗位都需要填写经营报表。

1. 总经理

总经理根据本年度实际发生金额填写经营报表,提交给财务总监,如图3-105所示。

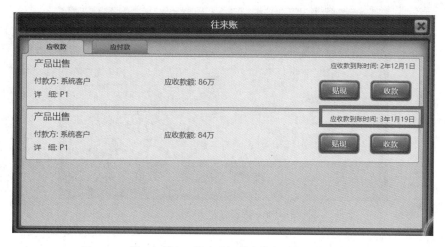

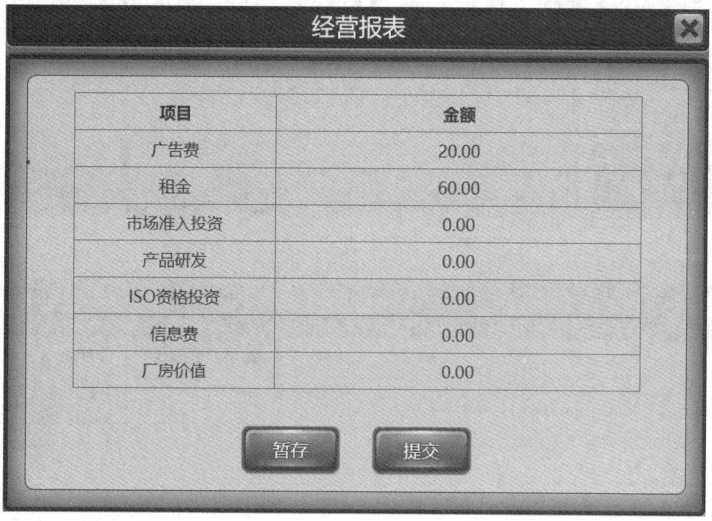

图3-105 总经理填写经营报表

2. 销售总监

销售总监根据仓库订单情况,统计销售收入和销售成本,填报经营报表。本年度共销售P1产品14个,订单收入604万元,违约罚款18万元,销售成本336万元,库存产品数0,库存价值0。填报完毕,单击"提交"按钮,如图3-106所示。

项目	数量	订单收入	违约罚款	销售成本	库存产品数	库存价值
P1	14	604	0.0	336	0	0.0
P2	0	0.0	0.0	0.0	0	0.0
P3	0	0.0	0.0	0.0	0	0.0
P4	0	0.0	0.0	0.0	0	0.0
P5	0	0.0	0.0	0.0	0	0.0

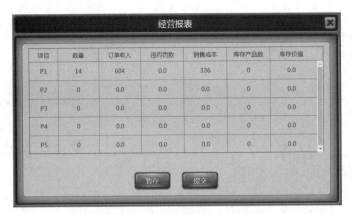

图 3-106　销售总监填写经营报表

3. 生产总监

生产总监需要填写经营报表，主要是体现年末生产线价值及在制产品的相关信息，所以需要根据生产明细中在制产品及生产线的价值信息来进行填写，如图 3-107～图 3-109 所示。

生产线	线型	建成日期	累计折旧	当前状态	当前周期	产品标识	生产速度
1001	柔性线	01-05-22	30	在产	1/1	P1	48
1002	柔性线	01-05-22	30	在产	1/1	P1	48

图 3-107　生产总监查看生产线状况

生产线	线型	产品	状态	状态期	到期日期	在制品成本	建成日期	当前净值	当前生产速度
1001	柔性线	P1	在产	1/1	1-9	24	1-5-22	170	48
1002	柔性线	P1	在产	1/1	1-9	24	1-5-22	170	48
1003			空闲						
1004			空闲						
2001			空闲						
2002			空闲						
2003			空闲						
2004			空闲						
3001			空闲						

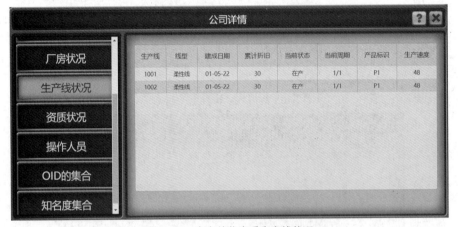

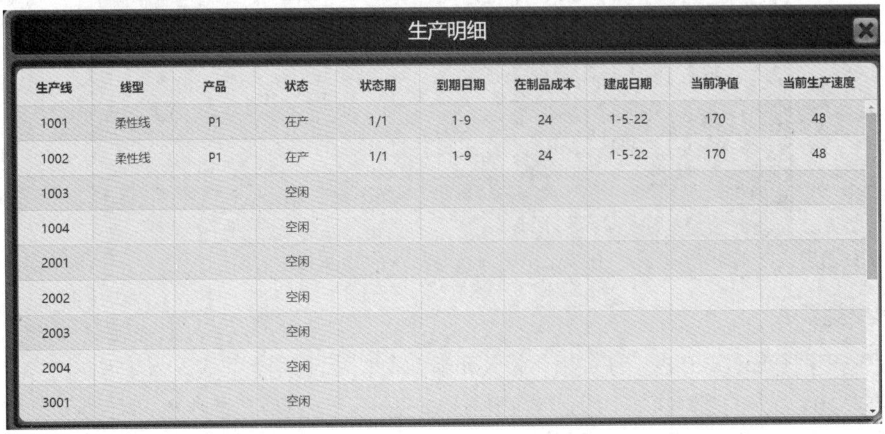

图 3-108　生产总监查看生产明细

经营报表

在制品	在制品数量	在制品价值
P1	2	48.00
P2	0	0.00
P3	0	0.00
P4	0	0.00
P5	0	0.00

生产线	建成设备总价值	累计折旧	已投在建设备额
手工线	0.00	0.00	0.00
自动线	0.00	0.00	0.00
柔性线	400.00	60.00	0.00

暂存 提交

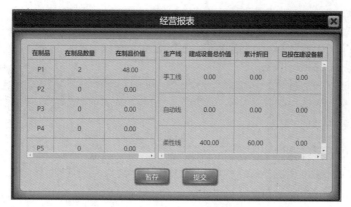

图 3-109 生产总监填制经营报表

4. 采购总监

采购总监查询原材料库存相关信息，填制采购岗位的经营报表，如图 3-110 所示。

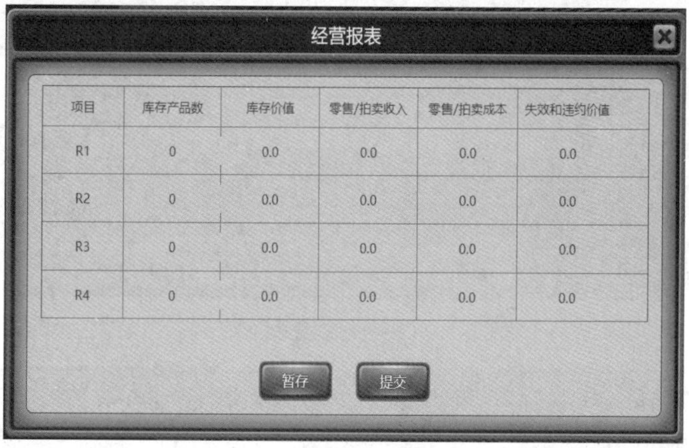
经营报表

项目	库存产品数	库存价值	零售/拍卖收入	零售/拍卖成本	失效和违约价值
R1	0	0.0	0.0	0.0	0.0
R2	0	0.0	0.0	0.0	0.0
R3	0	0.0	0.0	0.0	0.0
R4	0	0.0	0.0	0.0	0.0

暂存 提交

图 3-110 采购总监填制经营报表

5. 财务总监

财务总监首先需要通过查询本年度的费用支出明细和收入明细，填制经营报表，然后在其他 4 个岗位提交经营报表的基础上，填制年度财务报表。提交之后，各岗位都可以查看本年度的经营结果，这便于各小组对比经营结果，如图 3-111～图 3-115 所示。

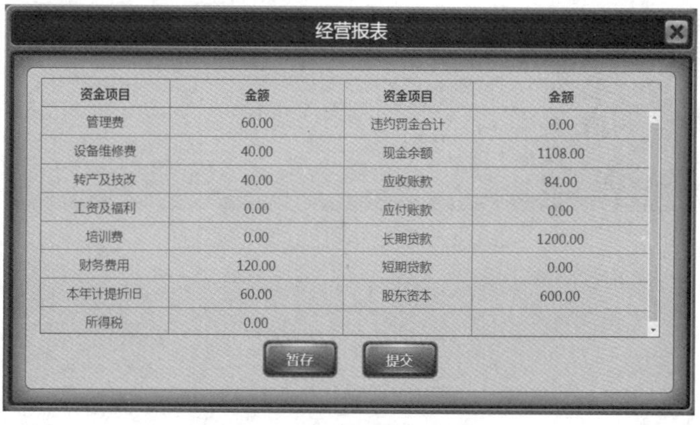
经营报表

资金项目	金额	资金项目	金额
管理费	60.00	违约罚金合计	0.00
设备维修费	40.00	现金余额	1108.00
转产及技改	40.00	应收账款	84.00
工资及福利	0.00	应付账款	0.00
培训费	0.00	长期贷款	1200.00
财务费用	120.00	短期贷款	0.00
本年计提折旧	60.00	股东资本	600.00
所得税	0.00		

暂存 提交

图 3-111 财务总监填制经营报表

图 3-112　财务总监提交财务报表

图 3-113　财务总监查看经营结果

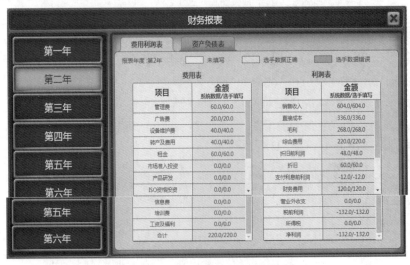

图 3-114　报表填制汇总(费用利润表)

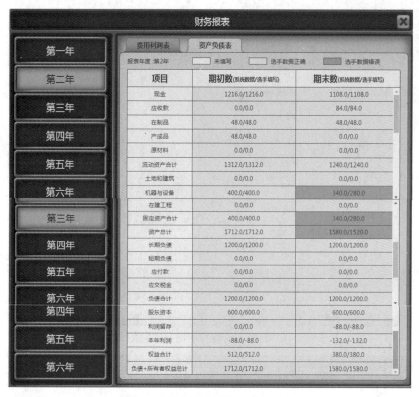

图 3-115　报表填制汇总(资产负债表)

6. 系统生成报表

系统自动生成相关报表，方便核对，如图 3-116～图 3-118 所示。

序号	项目	本年发生（系统/学生）
1	销售收入	604.0/604.0
2	直接成本	336.0/336.0
3	毛利	268.0/268.0
4	综合费用	220.0/220.0
5	折旧前利润	48.0/48.0
6	折旧	60.0/60.0
7	支付利息前利润	-12.0/-12.0
8	财务费用	120.0/120.0
9	营业外收支	0.0/0.0
10	税前利润	-132.0/-132.0
11	所得税	0.0/0.0
12	净利润	-132.0/-132.0

图 3-116　本年度利润表(系统生成)

序号	项目	本年发生（系统/学生）
1	管理费	60.0/60.0
2	广告费	20.0/20.0
3	设备维护费	40.0/40.0
4	转产及费用	40.0/40.0
5	租金	60.0/60.0
6	市场准入投资	0.0/0.0
7	产品研发	0.0/0.0
8	ISO资格投资	0.0/0.0
9	信息费	0.0/0.0
10	培训费	0.0/0.0
11	工资及福利	0.0/0.0
12	合计	220.0/220.0

图 3-117　本年度费用表(系统生成)

序号	项目	年初数（系统/学生）	期末数（系统/学生）
1	现金	1216.0/1216.0	1108.0
2	应收款	0.0/0.0	84.0
3	在制品	48.0/48.0	48.0
4	产成品	48.0/48.0	0.0
5	原材料	0.0/0.0	0.0
6	流动资产合计	1312.0/1312.0	1240.0
7	土地和建筑	0.0/0.0	0.0
8	机器与设备	400.0/400.0	340.0
9	在建工程	0.0/0.0	0.0
10	固定资产合计	400.0/400.0	340.0
11	资产总计	1712.0/1712.0	1580.0
12	长期负债	1200.0/1200.0	1200.0
13	短期负债	0.0/0.0	0.0
14	应付款	0.0/0.0	0.0
15	应交税金	0.0/0.0	0.0
16	负债合计	1200.0/1200.0	1200.0
17	股东资本	600.0/600.0	600.0
18	利润留存	0.0/0.0	-88.0
19	本年利润	-88.0/-88.0	-132.0
20	权益合计	512.0/512.0	380.0
21	负债+所有者权益总计	1712.0/1712.0	1580.0

图 3-118　本年度资产负债表(系统生成)

第四章
约创 ERP 沙盘 4 年经营操作指引

第一节 第一年经营过程

一、年初工作

年初，总经理在其工作界面(如图 4-1 所示)，单击"预算申报"菜单，填写申报金额向财务总监申请拨款 100 万元，申请理由为岗位经费。注意，总经理、生产总监、销售总监、采购总监都要向财务总监申请拨款，才能支付相关的费用，否则无法正常开展业务。在系统中，申报理由可以不用填写，如图 4-2 所示。填写完毕，提交经费申请书，如图 4-3 所示。

图 4-1 总经理工作界面

图 4-2 总经理申报经费

图 4-3　总经理提交经费申请书

一般情况下，财务总监在其工作界面(如图 4-4 所示)，对各岗位的预算申请要稍做检查，再予以批准，如图 4-5 和图 4-6 所示。同时，财务总监要及时关注公司剩余的现金，如果现金不充裕，则需要及时向银行贷款，以免现金流断裂。

图 4-4　财务总监工作界面

图 4-5　财务总监批准总经理预算申请

图 4-6　财务总监向总经理转款成功

年初，总经理需要带领团队共同分析市场形势，制订各项计划，准备广告费用。在该阶段，需要各角色参与和配合，如图 4-7～图 4-11 所示。

注意：

由于这是一个较为简单的方案，因此后续的操作，保留了主要关键环节的截图。

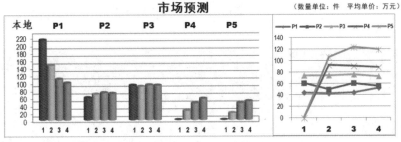

图 4-7　本地市场的产品需求和价格预测

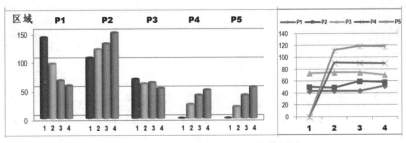

图 4-8　区域市场的产品需求和价格预测

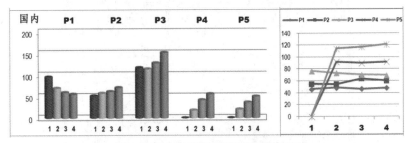

图 4-9　国内市场的产品需求和价格预测

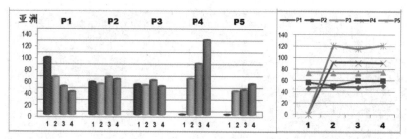

图 4-10　亚洲市场的产品需求和价格预测

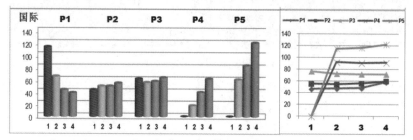

图 4-11　国际市场的产品需求和价格预测

年初,总经理单击"投放广告"菜单,系统自带本地、区域两个市场,在这两个市场中填写广告费用 40 万元,如图 4-12～图 4-15 所示。

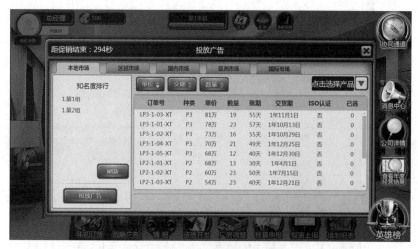

图 4-12　总经理投放广告

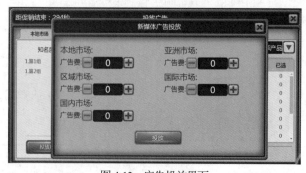

图 4-13　广告投放界面

图 4-14　投放广告

图 4-15　投放成功提示

投放成功后,可根据公司今年生产计划匹配对应的市场订单,并做好在第一轮选单时选取的准备。

经过开会对市场规则的探讨发现,柔性线的生产周期为 60 天,比自动线产能有所提升,而且柔性线对于市场的灵活度较好,(考虑市场可能在 9 月份之后没有订单,造成产品库存,产品库存一旦增多资金链容易断裂,而且影响下年权益)所以决定采用柔性线的方式生产,通过市场预测分析,以及原材料订料和生产线人工规则可求出,P3 边际效应较高,所以方案以主打 P3 产品进行。在接单过程中,承接订单如图 4-16 所示。

图 4-16　市场选单界面

根据生产周期推算,一期生产为 60 天,而生产线在 1 月 1 日开始建造,于 5 月 1 日建成并投入使用,接下来的几个生产日期经推算为:7 月 1 日,9 月 1 日,11 月 1 日,分别匹配如图 4-17 所示的订单。

图 4-17 "申报详情"界面

在进入第二轮选单时,系统会根据市场排名分配订单,总经理可在已分配订单处查看分配结果,如图 4-18 所示。

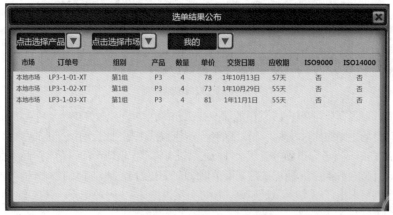

图 4-18 已分配订单界面

在选单完成后,总经理对市场资质进行开发。总经理在资质开发界面进行国内、亚洲、国际 3 个市场的准入开发,同时还有 ISO9000 和 ISO14000 的 ISO 认证开发,岗位经费自动扣资金各 10 万元,共 50 万元,如图 4-19~图 4-22 所示。

图 4-19 市场准入界面

图 4-20 市场准入完成

图 4-21 "ISO 认证"界面

图 4-22 ISO 认证完成

二、年中工作

至此,年初的工作就全部完成了,接下来进入第一年的年中工作。

1. 年中 1 月份操作

当日期显示为 1 年 1 月 1 日时,即为进入年中阶段。年中阶段,总经理可以进行厂房调整和产品资质开发。总经理在操作界面单击"资质开发"菜单,在"资质开发"界面选择 P3 产品资质开发,岗位经费自动扣 10 万元,如图 4-23 和图 4-24 所示。

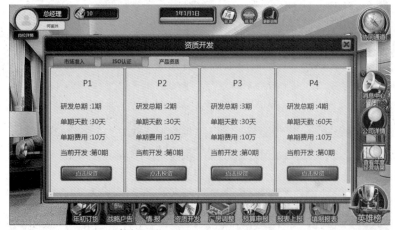

图 4-23 "产品资质"开发界面

图 4-24 进行 P3 产品资质开发

总经理单击"预算申报"菜单,进入"预算申报"界面,填写需要申报的金额 60 万元,以补充日常总经理资金周转需要,如图 4-25 和图 4-26 所示。

总经理在"厂房调整"界面中,选择租用 A 厂房,岗位经费自动扣发资金 60 万元(见图 3-22)。总经理在公司详情→厂房状况内查阅到 A 厂房已租用成功信息(见图 3-23)。

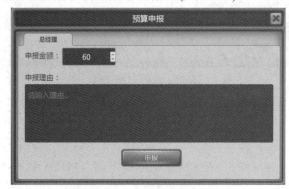

图 4-25 总经理申请岗位经费拨款

图 4-26　总经理提交岗位经费拨款申请书

财务经理在"拨款"界面，对总经理的拨款申请进行批准，如图 4-27 和图 4-28 所示。

图 4-27　财务总监批准总经理岗位经费预算申请

图 4-28　财务总监向总经理转款成功

在拿到拨款后，总经理在"厂房调整"界面对 A 厂房进行租用，如图 4-29 和图 4-30 所示。

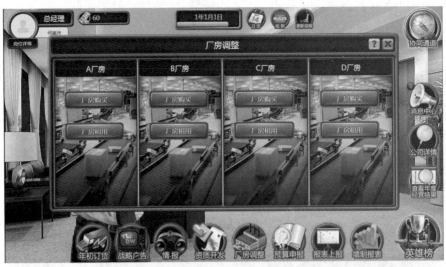

图 4-29 "厂房调整"界面

图 4-30 总经理厂房租用确认

总经理可在右侧公司详情→厂房状况内查阅到 A 厂房已租用成功信息,如图 4-31 所示。

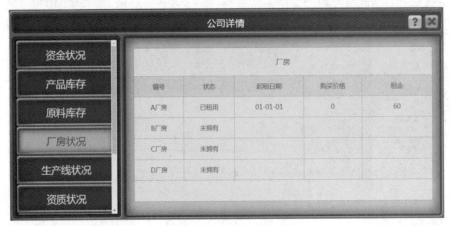

图 4-31 厂房已租用成功

只有购买或租赁厂房之后，才能建设生产线，进行产品生产，否则生产总监无法开展业务。为了保证业务的连贯性和角色之间的协调性，在总经理租用厂房以后，生产总监需要向财务总监申报预算，便于后续购买或租赁生产线。本方案中，生产总监向财务总监申报了 200 万元预算，如图 4-32 和图 4-33 所示。

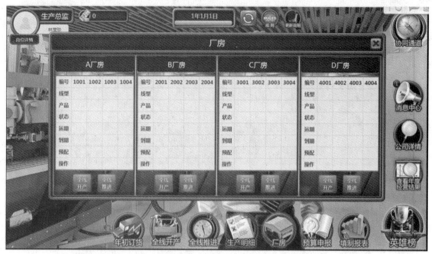

图 4-32 "厂房"界面

图 4-33 "预算申报"界面

生产总监单击"预算申报"向财务总监申报预算，提交拨款成功界面如图 4-34 所示。

图 4-34 提交拨款成功界面

财务总监在"拨款"界面对生产总监的申请进行审批拨款，如图 4-35 和图 4-36 所示。

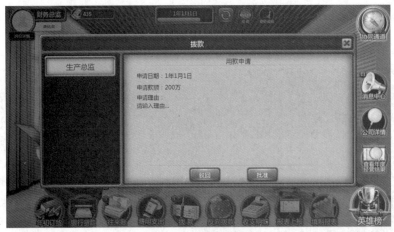

图 4-35 "拨款"界面

图 4-36 拨款成功界面

生产总监收到拨款之后,单击"厂房"进入"厂房"界面,选择厂房进行建线。本方案选择在 A 厂房进行建线,单击"A 厂房"进入建线界面,再单击"建线"按钮,根据产品需要选择生产线进行建线,如图 4-37~图 4-39 所示。

本方案决定建 4 条生产 P3 的柔性生产线,建线后会显示"建线中"及本次安装运期数的到期时间。本方案目前处于第一个安装运期数,到期时间为 2 月 1 日、3 月 1 日和 4 月 1 日,如图 4-40 所示。

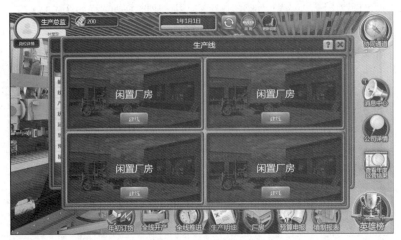

图 4-37 A 厂房建线界面

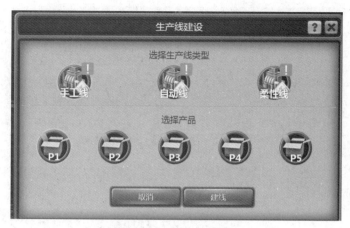

图 4-38　生产线建设界面

图 4-39　选择生产线

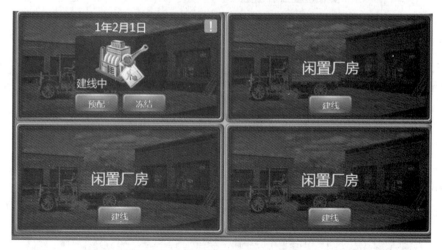

图 4-40　显示"建线中"及运期到期时间

继续建线，直至 4 条线建满，如图 4-41 所示。

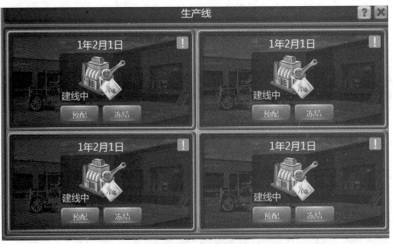

图 4-41　4 条线建满

生产线全部建好后,在厂房界面会显示下一期的推进时间为 2 月 1 日,如图 4-42 所示。

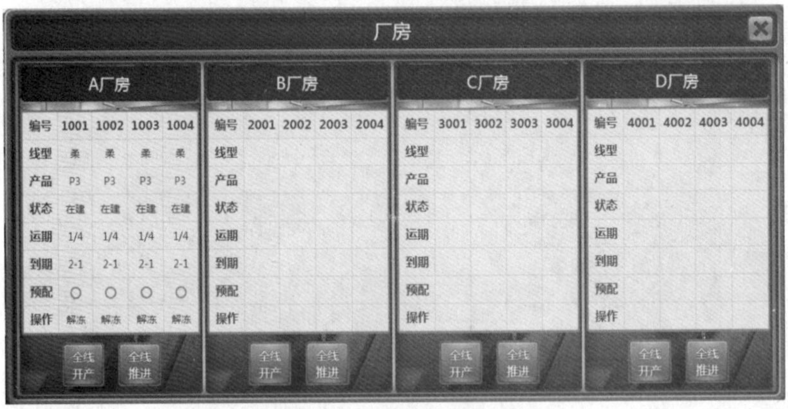

图 4-42　下一期的推进时间

2. 年中 2 月份操作

到了 2 月 1 日,总经理继续开发产品 P3 资质。若资金不足,则需单击"预算申报"向财务总监申请拨款 10 万元,如图 4-43 和图 4-44 所示。

图 4-43　预算申报界面

图 4-44 提交拨款

财务总监在"拨款"界面审批拨款,如图 4-45 和图 4-46 所示。如果账面资金不足,则需向银行贷款。

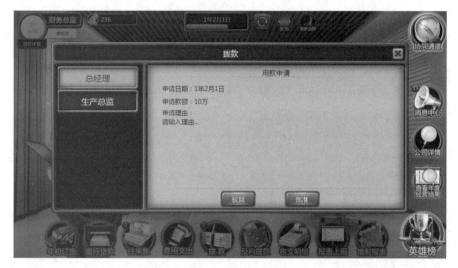

图 4-45 "拨款"界面

图 4-46 拨款成功

总经理在"资质开发"界面单击"产品资质"继续研发 P3,如图 4-47 所示,投资成功后会显示"已投资"字样,如图 4-48 所示。

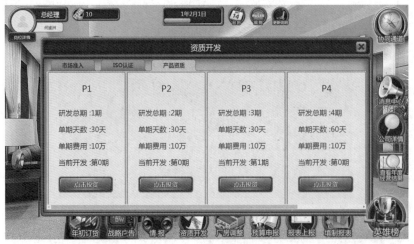

图 4-47 "资质开发"界面

图 4-48 进行 P3 产品资质开发

同一天,生产总监需继续推进生产线建设,再次向生产线中投入 200 万元,因此,需单击"预算申报"向财务总监申请拨款,如图 4-49 和图 4-50 所示。

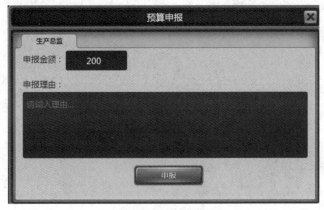

图 4-49 生产总监申请拨款

图 4-50 生产总监提交拨款申请书

财务总监在"拨款"界面审批拨款，如图 4-51 和图 4-52 所示。

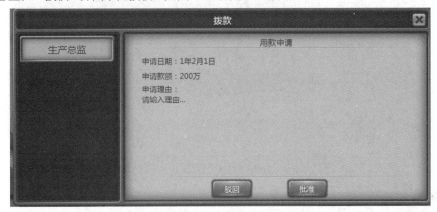

图 4-51 财务总监审批生产总监预算申请

图 4-52 财务总监向生产总监转款成功

生产总监收到拨款后，单击"厂房"界面的"全线推进"菜单，如图 4-53 所示，即可完成该次的生产线推进，同时显示下一次推进时间，如图 4-54 和图 4-55 所示。

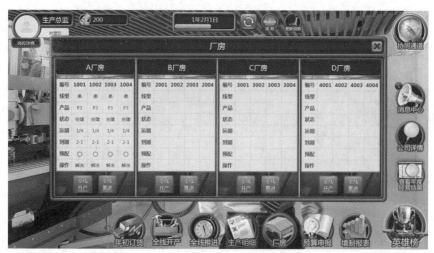

图 4-53　进行全线推进操作

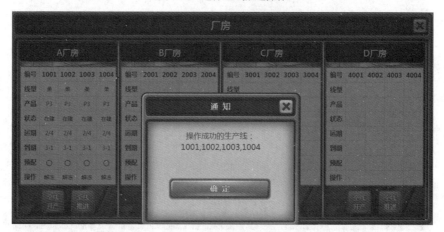

图 4-54　生产线推进成功

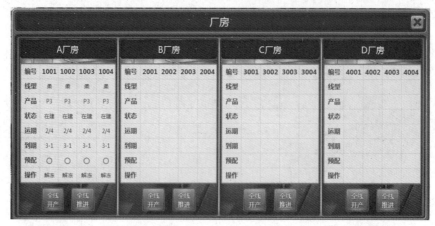

图 4-55　"厂房"界面

3. 年中 3 月份操作

在 3 月 1 日，总经理继续申请拨款 10 万元以研发产品资质，如图 4-56 和图 4-57 所示。

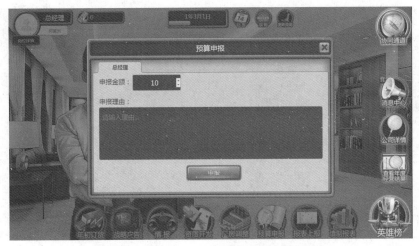

图 4-56 总经理申请拨款

图 4-57 总经理提交拨款申请书

财务总监在收到拨款申请时，如图 4-58 所示，发现账面金额不足以支付，所以需前往银行借款。

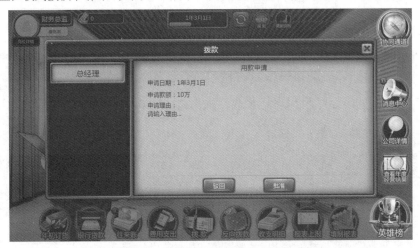

图 4-58 财务总监批准总经理预算申请

根据公司开会结果，第一年的贷款选择以长贷为主，一份为 20 万元。财务总监需单击"银行贷款"菜单，选择贷款类型，借足需要的份数，并拨付给总经理，如图 4-59 和图 4-60 所示。

图 4-59　财务总监申请贷款界面

图 4-60　银行贷款成功

贷款完成后,在"拨款"界面批准总经理申报款项,如图 4-61 和图 4-62 所示。

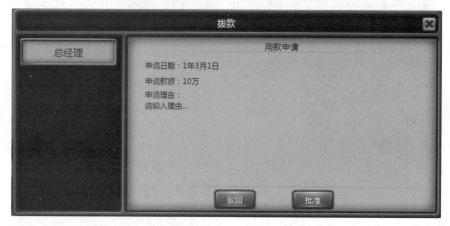

图 4-61　财务总监批准总经理预算申请

图 4-62　财务总监向总经理转款成功

收到拨款后，总经理在资质开发界面进行产品研发操作继续研发 P3，如图 4-63 和图 4-64 所示。

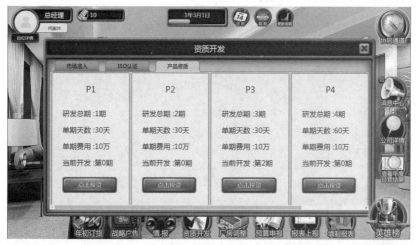

图 4-63　开发产品资质界面

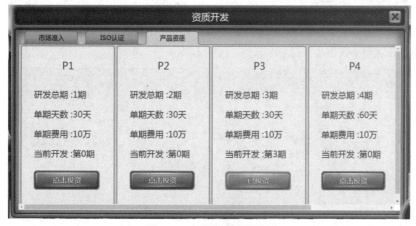

图 4-64　产品资质开发成功

根据本年的公司规划，第一批生产时间为 5 月 1 日，而根据规则，P3 的产品组成为 R1、R3、R4 原材料各 1 个，而 R3、R4 的到货为 2 个月，R1、R2 的到货期为 1 个月，也就是说如果要保证准时生产，采购总监需在 3 月 1 日进行 R3、R4 的原材料订货。采购总监在"原料订货"界面中，选择 R3、R4 原材料后，单击"点击下单"按钮，采购数量都为"4"，如图 4-65 和图 4-66 所示。

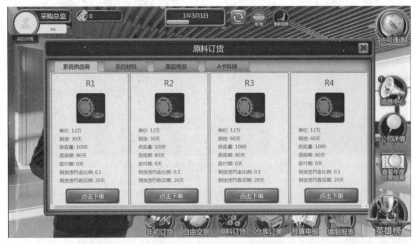

图 4-65 "原料订货"界面

图 4-66 "选择采购数量"界面

下单成功后，系统会同步在"订单"界面，如图 4-67 所示，并自动显示到货日期。

图 4-67 仓库"订单"界面

生产总监继续在"厂房"界面推进生产线建设，向财务总监申请拨款 200 万元，如图 4-68 和图 4-69 所示。

图 4-68　生产总监申请拨款

图 4-69　生产总监提交拨款申请书

财务总监向银行贷款 180 万元补齐差额,并拨付 200 万元给生产总监,如图 4-70~图 4-72 所示。

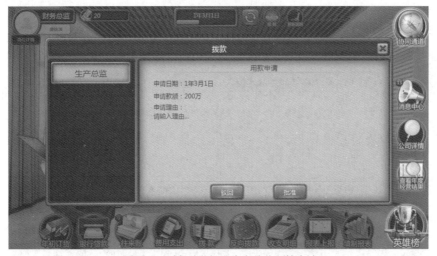

图 4-70　财务总监批准生产总监预算申请

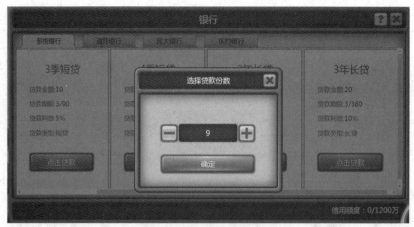

图 4-71 银行贷款界面

图 4-72 贷款成功

生产总监拿到拨款后,在"厂房"界面单击"全线推进"按钮,继续建设生产线,如图 4-73 和图 4-74 所示。

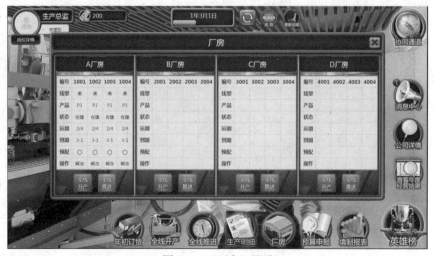

图 4-73 "厂房"界面

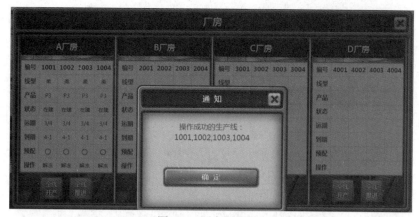

图 4-74　厂房推进成功

完成后会显示剩余安装期数和下一期的推进时间，如图 4-75 所示。

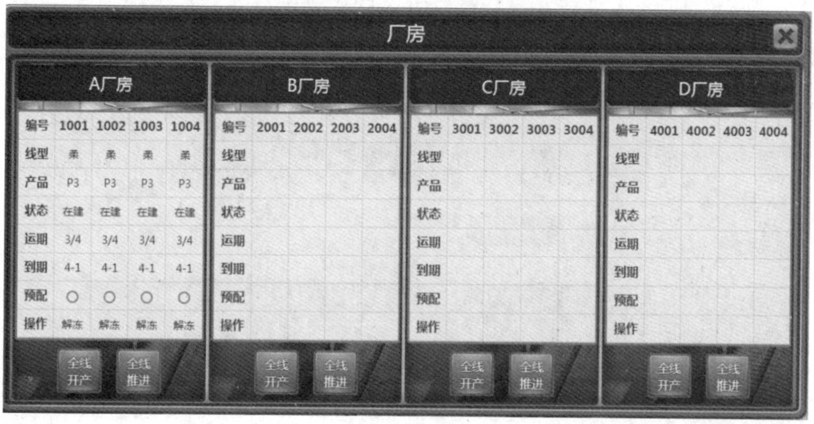

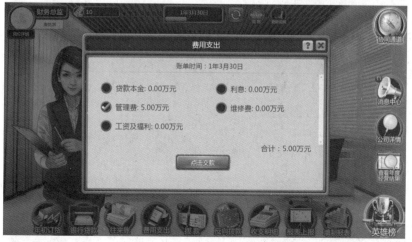

图 4-75　显示剩余安装期数和下一期的推进时间

财务总监月末需交付管理费 5 万元，如图 4-76 所示。

图 4-76　财务总监交付 3 月份管理费

4. 年中 4 月份操作

4 月 1 日，P3 的产品资质已经开发完成，如图 4-77 所示，只需等待生产线建成即可开始生产。

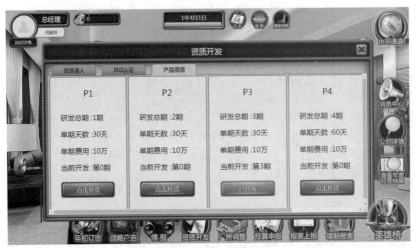

图 4-77 开发 P3 资质

生产总监继续申请拨款 200 万元推进生产线，如图 4-78 和图 4-79 所示。

图 4-78 生产总监申请拨款

图 4-79 生产总监提交拨款申请书

财务总监向银行贷款 200 万元补齐差额，如图 4-80 和图 4-81 所示。

图 4-80　银行贷款界面

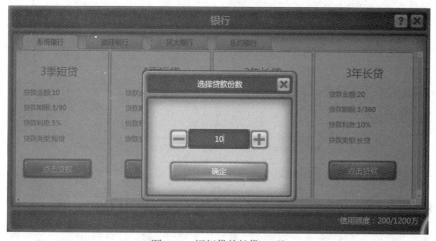

图 4-81　银行贷款长贷 10 份

贷款后，财务总监批准拨款给生产总监 200 万元，如图 4-82 和图 4-83 所示。

图 4-82　财务总监批准生产总监预算申请

图 4-83　财务总监向生产总监转款成功

生产总监拿到拨款后继续推进生产线。从"厂房"界面中可以看到生产线的建设周期已经满了,到 5 月 1 日即可开始生产,如图 4-84 和图 4-85 所示。

图 4-84　"厂房"界面

图 4-85　推进生产线成功

采购总监在 4 月 1 日继续在"原料订货"界面预订 R1 原材料 4 个,如图 4-86 所示。

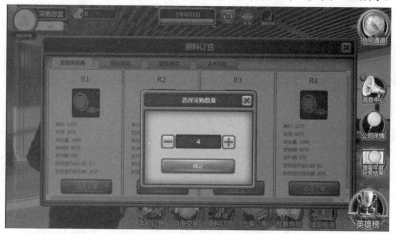

图 4-86 "原料订货"界面

至此,第一批生产的原料已经全部订齐,如图 4-87 所示。

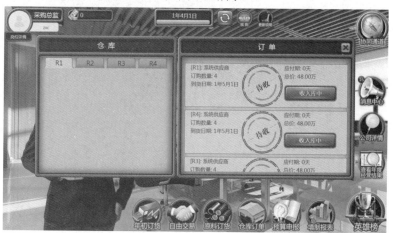

图 4-87 仓库"订单"界面

财务总监月末需交付管理费 5 万元,如图 4-88 所示。

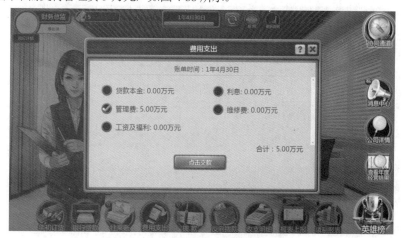

图 4-88 财务总监交付 4 月份管理费

5. 年中 5 月份操作

进入 5 月，采购总监在计算完原材料总价后，向财务总监申请拨款 144 万元，如图 4-89 和图 4-90 所示。

图 4-89　采购总监申请拨款

图 4-90　采购总监提交拨款申请书

财务总监贷款补齐差额 160 万元，并批付拨款 144 万元给采购总监，如图 4-91～图 4-93 所示。收到拨款后，采购总监在仓库"订单"界面将材料收入库中，如图 4-94 所示。

图 4-91　银行贷款 8 份

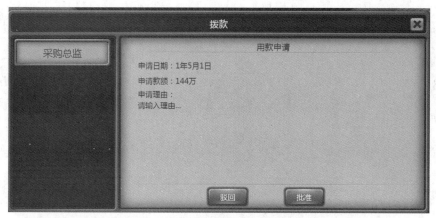

图 4-92　财务总监批准采购总监预算申请

图 4-93　财务总监向采购总监转款成功

图 4-94　仓库"订单"界面

原料仓库 R1、R3、R4 库存如图 4-95～图 4-97 所示。

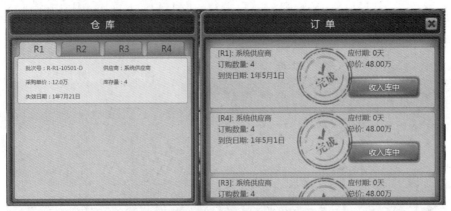

图 4-95　R1 仓库库存

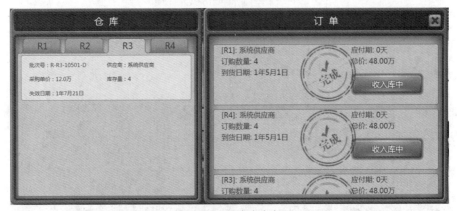

图 4-96　R3 仓库库存

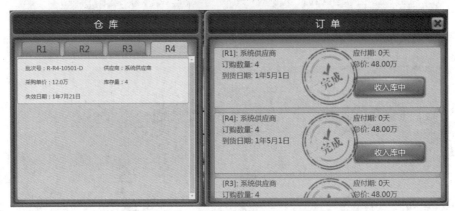

图 4-97　R4 仓库库存

同时采购总监继续在"原料订货"界面预订下一次生产所需的原材料 R3、R4 各 4 个，如图 4-98 和图 4-99 所示。

图 4-98　订购 4 个 R3

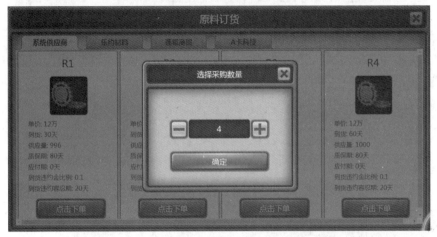

图 4-99　订购 4 个 R4

采购后订单如图 4-100 所示。

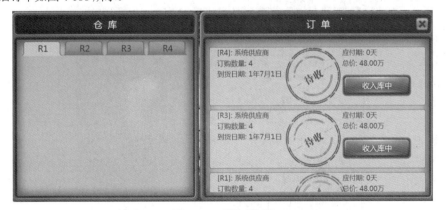

图 4-100　采购后订单

生产总监对生产线再次全线推进，注意，本次推进不需要投入资金，如图 4-101 所示。

图 4-101 推进生产线成功

生产总监根据生产线数量、最低工人数和工资,向财务总监申请拨款。由于柔性生产线工人要求最低一个高级工人和一个低级工人,工资总额为 10 万元,而我们有 4 条生产线,所以在"预算申报"界面,向财务总监申请 40 万元经费,如图 4-102 和图 4-103 所示。

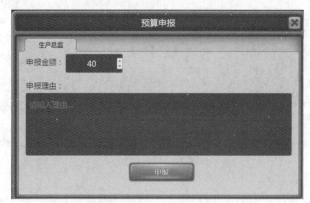

图 4-102 生产总监申请拨款

图 4-103 生产总监提交拨款申请书

财务总监贷款补齐差额 40 万元并批付拨款,如图 4-104～图 4-106 所示。

图 4-104　银行贷款 2 份长贷

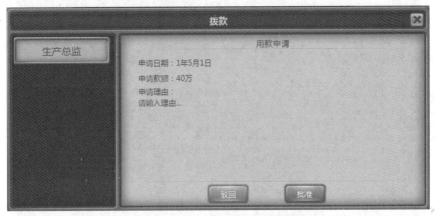

图 4-105　财务总监批准生产总监预算申请

图 4-106　财务总监向生产总监转款成功

取得拨款 40 万元后，生产总监根据产品组成规则，在"厂房"界面单击 A 厂房，对 4 条生产线进行原材料预配，并分配工人，如图 4-107 和图 4-108 所示。

图 4-107 "生产预配"界面

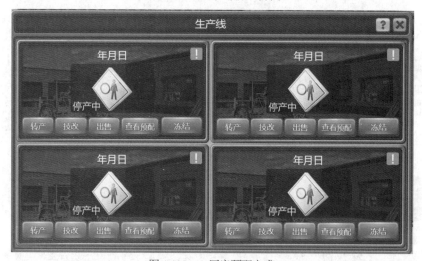

图 4-108 A 厂房预配完成

预配完成后，单击"厂房"界面的"全线开产"按钮，即可开始生产，本期生产批次的出产日期为 7 月 1 日，如图 4-109 和图 4-110 所示。

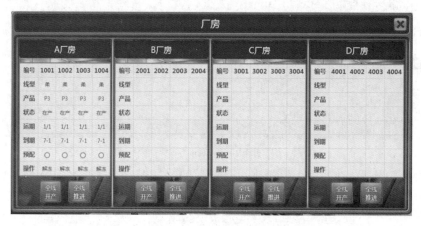

图 4-109 "厂房"界面

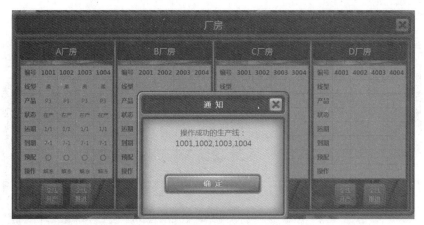

图 4-110 厂房推进成功

财务总监月末需交付管理费 5 万元，如图 4-111 所示。

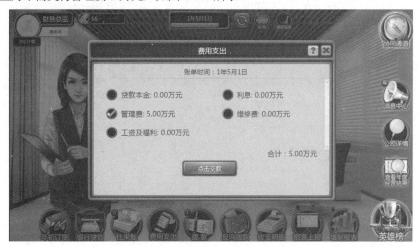

图 4-111 财务总监交付 5 月份管理费

6. 年中 6 月份操作

在 6 月 1 日，采购总监需订购 4 个 R1，以预备 7 月 1 日的生产，如图 4-112 所示。

图 4-112 采购 4 个 R1

采购订单如图 4-113 所示。

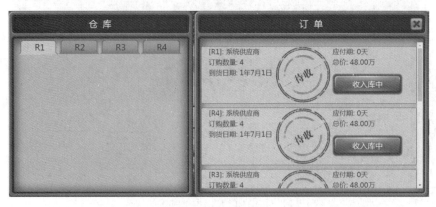

图 4-113　采购订单

财务总监月末需交付管理费 5 万元，如图 4-114 所示。

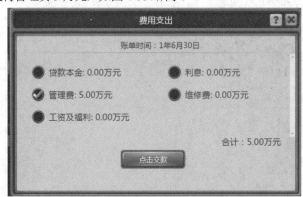

图 4-114　财务总监交付 6 月份管理费

7. 年中 7 月份操作

7 月 1 日，生产总监在"厂房"界面单击"全线推进"按钮。另已经生产完成的产品 4 个 P3，交由销售总监交付订单，如图 4-115 和图 4-116 所示。

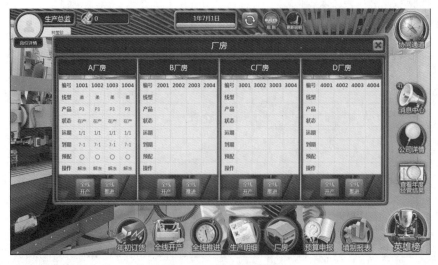

图 4-115　"厂房"界面

图 4-116 推进生产线成功

在销售总监工作界面中,仓库订单是按照最迟交货时间由上至下排列的。销售总监将 4 个 P3 发货,完成编号为 LP3-1-03-XT 的销售订单,该订单应收账款周期为 55 天,总价为 324 万元,如图 4-117 和图 4-118 所示。

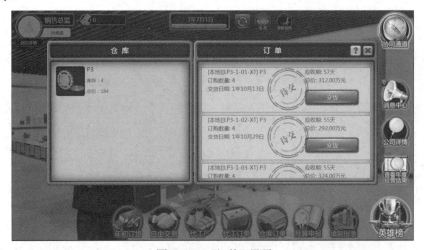

图 4-117 "订单"界面

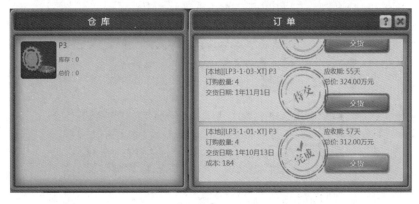

图 4-118 订单交付成功

交付完成后，会在财务总监处生成一笔应收款，到款日期为 8 月 28 日，款项为 312 万元，如图 4-119 所示。财务总监单击"收款"按钮后，成功收款。

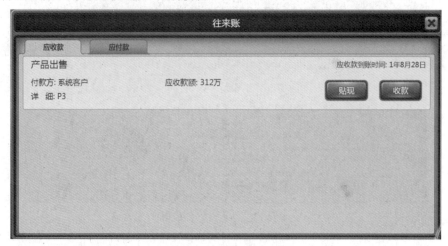

图 4-119　生成一笔应收款

采购总监收取原材料，向财务总监申请拨款 144 万元，如图 4-120～图 4-122 所示。

图 4-120　采购总监收取原材料

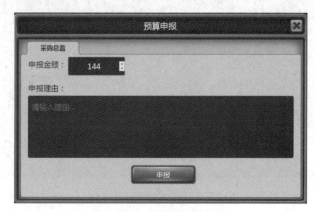

图 4-121　采购总监申请拨款

图 4-122 采购总监提交拨款申请书

财务总监贷款补齐差额并批付拨款 144 万元,如图 4-123 和图 4-124 所示。

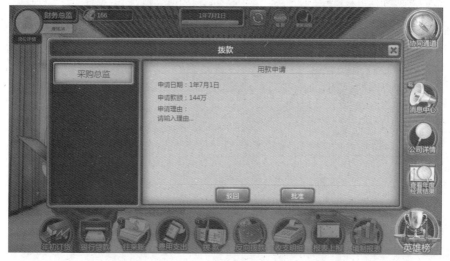

图 4-123 财务总监批准采购总监预算申请

图 4-124 财务总监向采购总监转款成功

采购总监收到款项后,单击"收入库中"按钮将原材料收入库中,如图 4-125 所示。

图 4-125 采购总监将原材料收入库中

在仓库"订单"界面中,原料库存量为 4 个 R1,如图 4-126 所示。

图 4-126 仓库"订单"界面

R3、R4 仓库库存如图 4-127 和图 4-128 所示。

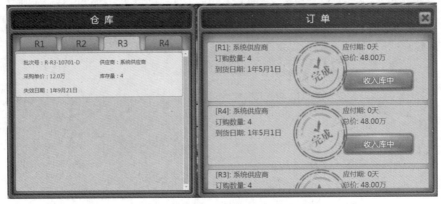

图 4-127 R3 仓库库存

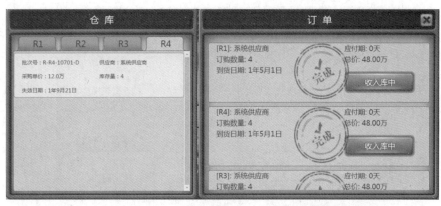

图 4-128　R4 仓库库存

同时，继续订购下一批生产所需原材料 R3、R4 各 4 个，如图 4-129 和图 4-130 所示。

图 4-129　订购 4 个 R3

图 4-130　订购 4 个 R4

生成原料订单，如图 4-131 所示。

图 4-131　生成原料订单

生产总监继续进行预配，并向财务总监申请该次的开产费用 40 万元，如图 4-132～图 4-135 所示。

图 4-132　"生产预配"界面

图 4-133　A 厂房预配完成

图 4-134　生产总监申请拨款

图 4-135　生产总监提交拨款申请书

财务总监贷款 20 万元补齐差额并批付拨款 40 万元，如图 4-136～图 4-138 所示。

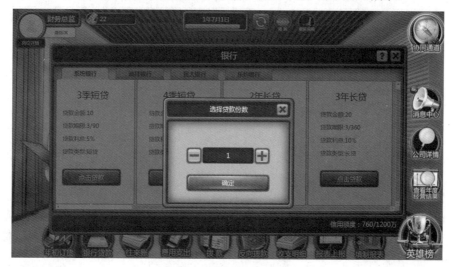

图 4-136　银行贷款长贷 1 份

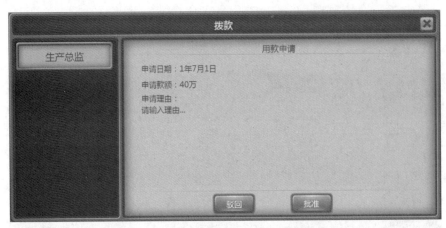

图4-137　财务总监批准生产总监预算申请

图4-138　财务总监向生产总监转款成功

预配完成，收到拨款后，对生产线进行全线开产，出产日期为9月1日，如图4-139和图4-140所示。

图4-139　生产线开产成功

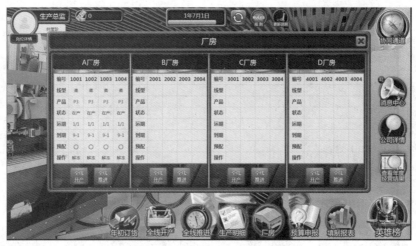

图 4-140　出产日期为 9 月 1 日

　　财务总监月末需交付管理费 5 万元，如图 4-141 所示。若账面资金不足，则向银行贷款 20 万元补足，如图 4-142 所示。

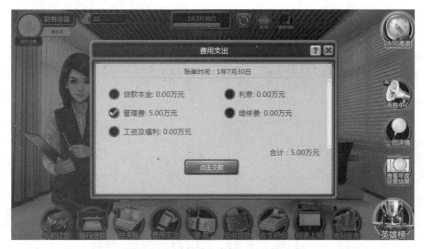

图 4-141　财务总监交付 7 月份管理费

图 4-142　银行贷款长贷 1 份

8. 年中 8 月份操作

8 月 1 日，采购总监订购 4 个 R1，作为 9 月 1 日的生产原料，如图 4-143 所示。

图 4-143　采购 4 个 R1

原料订单如图 4-144 和图 4-145 所示。

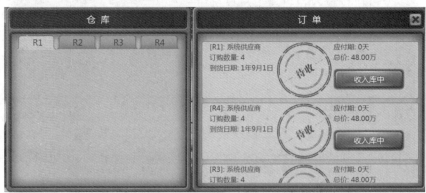

图 4-144　原料订单(一)

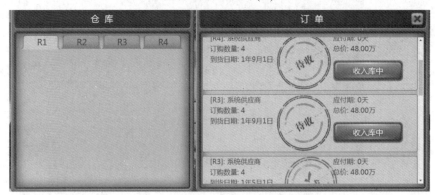

图 4-145　原料订单(二)

8 月 28 日，第一笔应收款 312 万元到账，财务总监在往来账处单击"收款"按钮，将款项收入账中，如图 4-146 和图 4-147 所示。

图 4-146　应收款到账

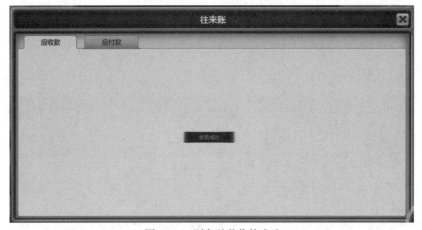

图 4-147　财务总监收款成功

财务总监月末需交付管理费 5 万元，如图 4-148 所示。如果账面资金不足，则向银行贷款补足。

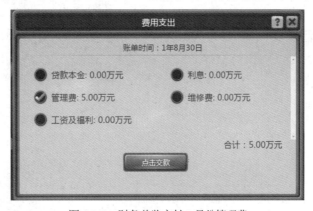

图 4-148　财务总监交付 8 月份管理费

9. 年中 9 月份操作

9 月 1 日，生产总监在厂房界面将到期的生产线全线推进，将完工产成品放到仓库，如图 4-149 和图 4-150 所示。

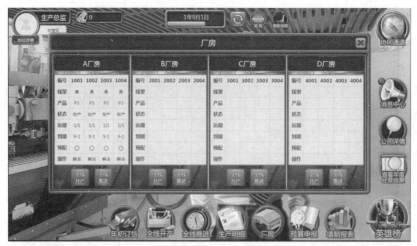

图 4-149 全线推进生产线

图 4-150 推进生产线成功

销售总监收到完工产成品后在仓库"订单"界面提交订单，如图 4-151 和图 4-152 所示。

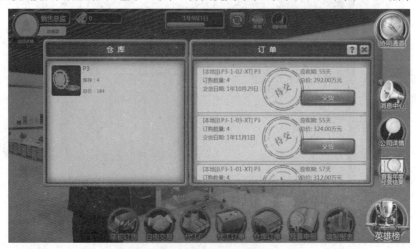

图 4-151 "订单"界面

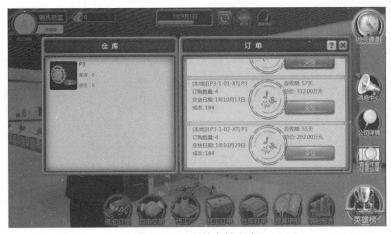

图 4-152　订单交付成功

在销售总监提交订单后，财务总监往来账处会有一笔应收款，到期时间为 10 月 26 日，款项为 292 万元，如图 4-153 所示。

图 4-153　财务总监收到一笔应收款

采购总监向财务总监申请拨款 144 万元，用以支付到期的原料订单，如图 4-154 和图 4-155 所示。

图 4-154　采购总监申请拨款

图 4-155　采购总监提交拨款申请书

由于上一笔应收款到账，所以财务总监可直接批付拨款，如图 4-156 和图 4-157 所示。

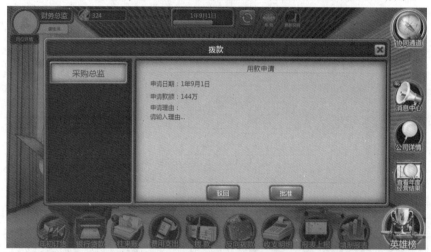

图 4-156　财务总监批准采购总监预算申请

图 4-157　财务总监向采购总监转款成功

采购总监在收到拨款后将原料收入库中，如图 4-158 所示。

图 4-158　采购总监将原料收入库中

原料仓库库存为 R1、R3、R4 各 4 个，如图 4-159～图 4-161 所示。

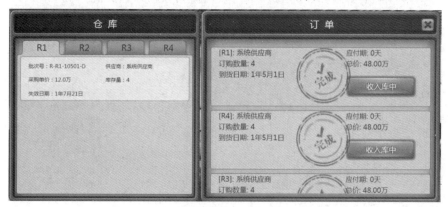

图 4-159　R1 仓库库存

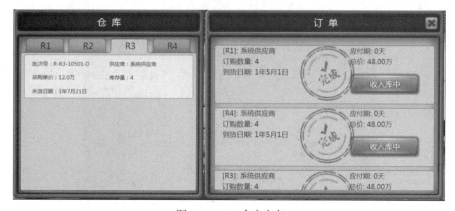

图 4-160　R3 仓库库存

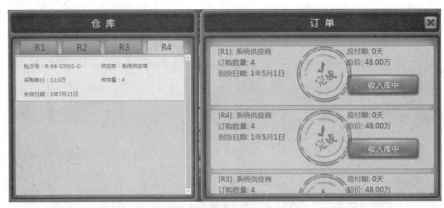

图 4-161 R4 仓库库存

生产总监向财务总监申请 40 万元开产费，如图 4-162 和图 4-163 所示。

图 4-162 生产总监申请拨款

图 4-163 生产总监提交拨款申请书

财务总监从公司账户款 180 万元中拨付款项 40 万元，如图 4-164 和图 4-165 所示。

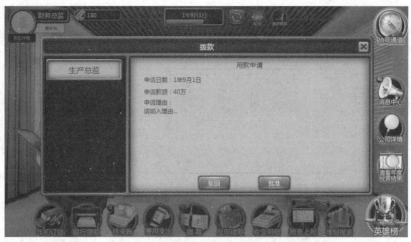

图 4-164　财务总监批准生产总监预算申请

图 4-165　财务总监向生产总监转款成功

取得拨款 40 万元后，生产总监根据产品组成规则，进行 4 条线的生产预配并分配工人，如图 4-166 和图 4-167 所示。

图 4-166　生产总监进行生产预配并分配工人

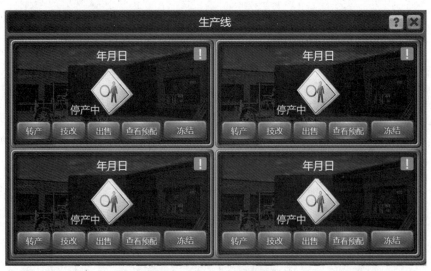

图 4-167　A 厂房预配完成

预配完成后单击"厂房"界面的"全线开产"按钮,即可开始生产,本期生产批次的出产日期为 11 月 1 日,如图 4-168 和图 4-169 所示。

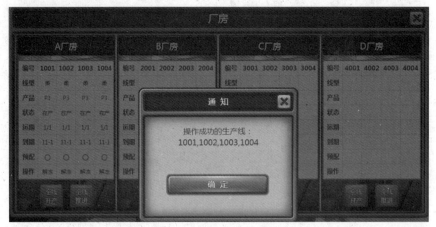

图 4-168　厂房推进成功

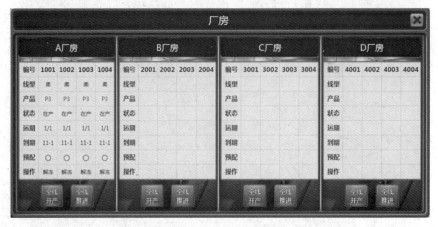

图 4-169　出产日期

采购总监继续订购下一批生产所需的原材料，即 R3、R4 各 4 个，如图 4-170 和图 4-171 所示。

图 4-170　采购 4 个 R3

图 4-171　采购 4 个 R4

系统生成原料订单如图 4-172 所示。

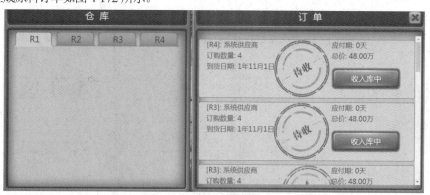

图 4-172　系统生成原料订单

财务总监月末需交付管理费 5 万元，如图 4-173 所示。

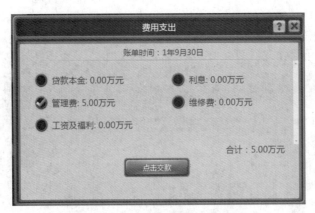

图 4-173　财务总监交付 9 月份管理费

10. 年中 10 月份操作

10 月 1 日，采购总监继续预订 R1 原材料 4 个，如图 4-174 所示。

图 4-174　采购 4 个 R1

系统生成原料订单如图 4-175 和图 4-176 所示。

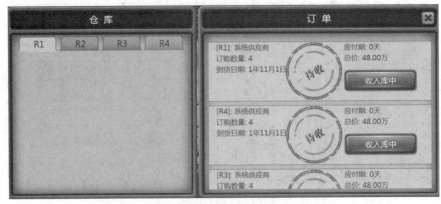

图 4-175　系统生成原料订单(一)

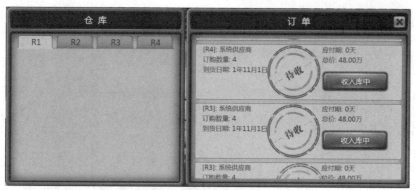

图 4-176 系统生成原料订单(二)

10 月 26 日,第一笔应收款 292 万元到账,财务总监在往来账处单击"收款"按钮,将款项 292 万元收入账户中,如图 4-177 和图 4-178 所示。

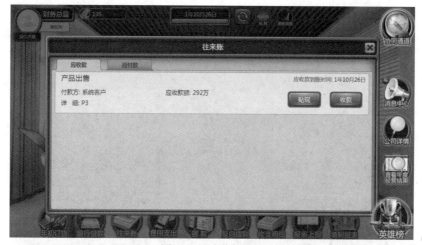

图 4-177 应收款到账

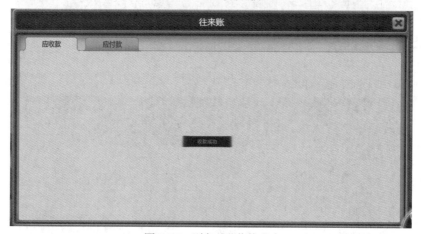

图 4-178 财务总监收款成功

财务总监月末需交付管理费 5 万元,如图 4-179 所示。

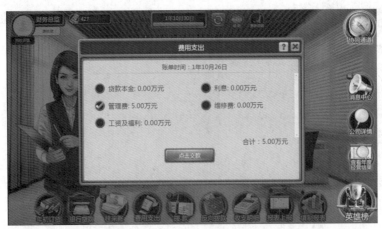

图 4-179 财务总监交付 10 月份管理费

11. 年中 11 月份操作

11 月 1 日，生产总监将到期的生产线全线推进，并将完工产成品放到仓库，如图 4-180 所示。

图 4-180 推进生产线成功

销售总监收到完工产成品后，仓库库存显示为 4 个 P3，单击第一笔订单的"提交"按钮，完成订单，如图 4-181 所示。

至此，本年订单全部完成，如图 4-182 所示。

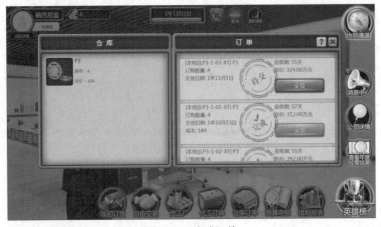

图 4-181 完成订单

第四章 | 约创 ERP 沙盘 4 年经营操作指引 143

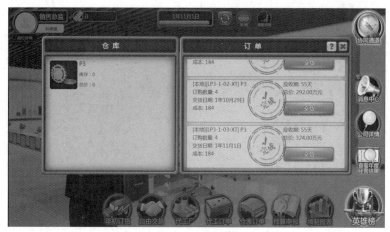

图 4-182　订单交付成功

在销售总监提交订单后，财务总监往来账处会有一笔应收款，到期时间为 12 月 26 日，款项为 324 万元，如图 4-183 所示。

图 4-183　财务总监收取应收款

仓库订单处，原料订单到期，采购总监向财务总监申请拨款 144 万元，用以支付原料款，如图 4-184 和图 4-185 所示。

图 4-184　采购总监申请拨款

图 4-185　采购总监提交拨款申请书

财务总监在"拨款"界面，从账户中拨付款项 144 万元，如图 4-186 和图 4-187 所示。

图 4-186　财务总监批准采购总监预算申请

图 4-187　财务总监向采购总监转账成功

采购总监收到款项 144 万元后，单击"收入库中"按钮，将原材料收入库中，如图 4-188 所示。

图 4-188　将原材料收入库中

原料库中 R1、R3、R4 库存情况，如图 4-189～图 4-191 所示。

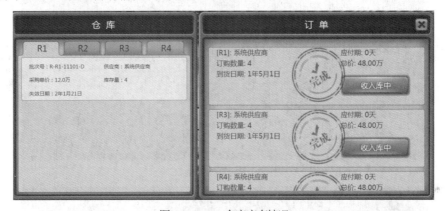

图 4-189　R1 仓库库存情况

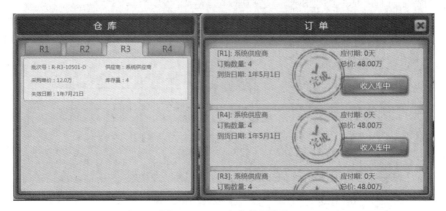

图 4-190　R3 仓库库存情况

图 4-191　R4 仓库库存情况

同时继续订购下一批生产所需原材料，R3、R4 各 4 个，如图 4-192 和图 4-193 所示。

图 4-192　订购 4 个 R3

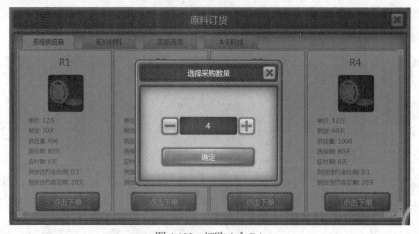

图 4-193　订购 4 个 R4

系统自动生成原料订单，如图 4-194 所示。

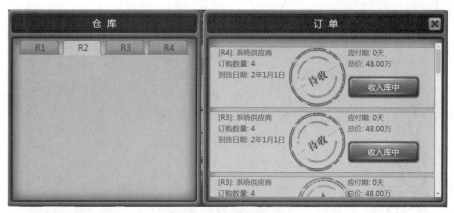

图 4-194　生成原料订单

生产总监继续进行预配，并向财务总监申请该次的开产费用 40 万元，如图 4-195～图 4-198 所示。

图 4-195　生产总监申请拨款

图 4-196　生产总监提交拨款申请书

图 4-197 进行生产预配

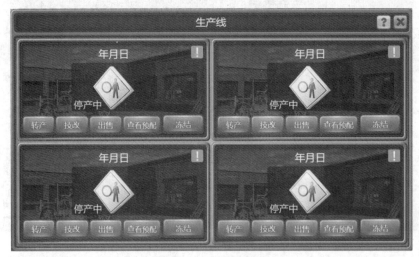

图 4-198 厂房预备完成

财务总监从账户 278 万元中拨付款项 40 万元给生产总监,如图 4-199 和图 4-200 所示。

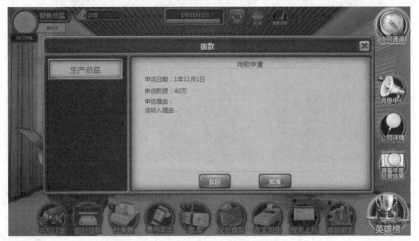

图 4-199 财务总监批准生产总监预算申请

图 4-200　财务总监向生产总监转款成功

预配完成，收到拨款 40 万元后，生产总监单击"厂房"界面中的"全线开产"按钮，即可开始生产，本期生产批次的出产日期为第二年的 1 月 1 日，如图 4-201 和图 4-202 所示。

图 4-201　厂房推进成功

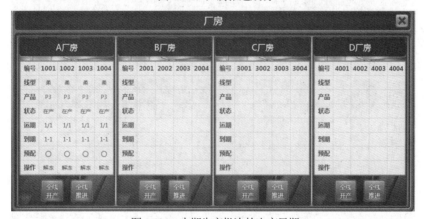

图 4-202　本期生产批次的出产日期

财务总监月末需交付管理费 5 万元，如图 4-203 所示。

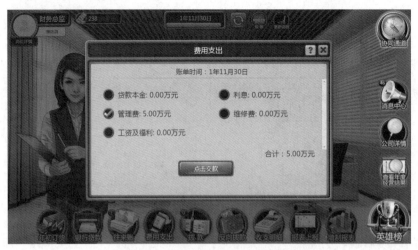

图 4-203　财务总监交付 11 月份管理费

12. 年中 12 月份操作

12 月 1 日，采购总监继续预订 4 个 R1 原材料，以作为下一年第一批的生产原料，如图 4-204 所示。

图 4-204　订购 4 个 R1

系统自动生成原料订单，如图 4-205 和图 4-206 所示。

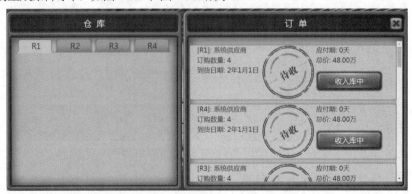

图 4-205　系统生成原料订单(一)

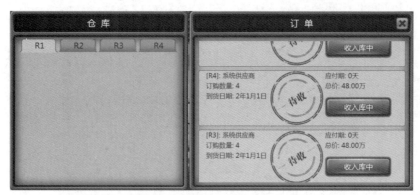

图 4-206 系统生成原料订单(二)

12 月 26 日，应收款到期，财务总监单击"收款"按钮，将往来账 324 万元应收款收入账户中，如图 4-207 和图 4-208 所示。

图 4-207 应收款到账

图 4-208 财务总监收款成功

财务总监月末需交付管理费 5 万元，如图 4-209 所示。

图 4-209　财务总监交付 12 月份管理费

12 月 30 日，公司开会讨论得出：相对于促销广告，战略广告由于有权重影响，所以比促销广告更有优势。例如，第一年年末投放 100 万元战略广告，约等于第二年投放 160(100×1.6)万元促销广告，所以公司选择投放战略广告。因此，总经理向财务总监申请 50 万元投本地战略广告，如图 4-210 和图 4-211 所示。

图 4-210　申请投放战略广告费

图 4-211　总经理提交拨款申请书

总经理获得拨款 50 万元后，在战略广告界面选择本地市场，投放 50 万元广告费，单击"点击投放"按钮，完成战略广告投放，如图 4-212 和图 4-213 所示。

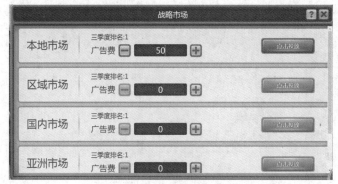

图 4-212　总经理投放战略市场

图 4-213　总经理投放成功

三、年末工作

总经理根据本年度实际发生金额填写经营报表，提交给财务总监，如图 4-214 所示。

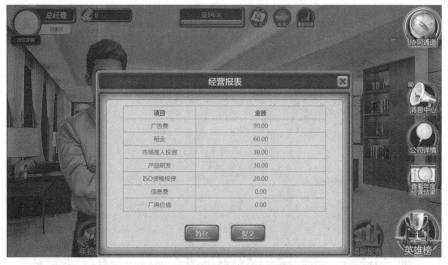

图 4-214　总经理提交年末经营报表

采购总监查询实际原材料库存信息和原材料订单情况,填写经营报表,如图4-215所示。

图4-215 采购总监提交年末经营报表

生产总监根据生产线折旧、价值信息及在制品的数量和价值信息填列经营报表,保存后提交,如图4-216所示。

图4-216 生产总监提交年末经营报表

销售总监根据本年度的销售订单交货情况,填写销售数量、订单收入、销售成本,如图4-217所示。

图4-217 销售总监提交年末经营报表

财务总监查询费用明细情况,如实填写经营报表,如图 4-218 所示。

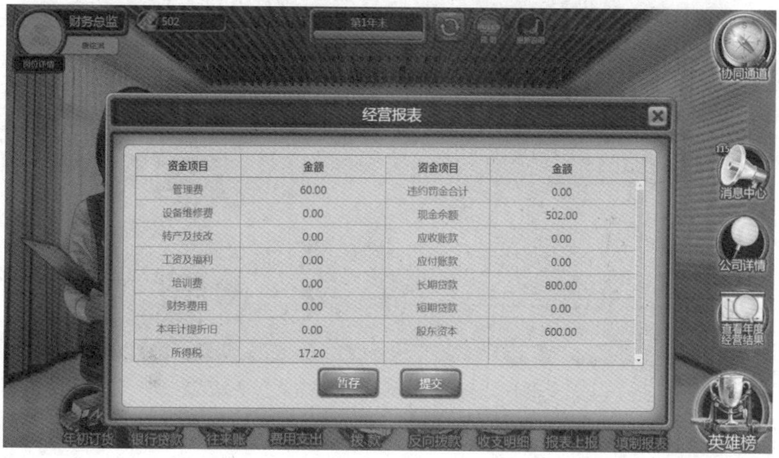

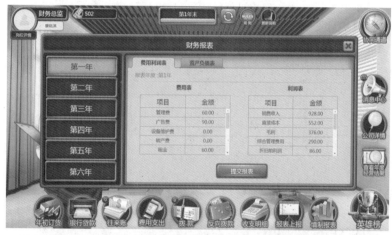

图 4-218　财务总监填写年末经营报表

所有岗位填写和提交完成并经财务总监确认无误后,在报表上报处提交财务报表,如图 4-219~图 4-221 所示。

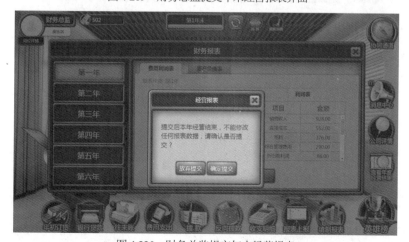

图 4-219　财务总监提交年末经营报表界面

图 4-220　财务总监提交年末经营报表

图 4-221　财务总监提交年末经营报表成功

本年运营结果报表由系统后台生成，如图 4-222 和图 4-223 所示。

序号	项目	年初数（系统/学生）	期末数（系统/学生）
1	现金	600.0/600.0	502.0/502.0
2	应收款	0.0/0.0	0.0/0.0
3	在制品	0.0/0.0	184.0/184.0
4	产成品	0.0/0.0	0.0/0.0
5	原材料	0.0/0.0	0.0/0.0
6	流动资产合计	600.0/600.0	686.0/686.0
7	土地和建筑	0.0/0.0	0.0/0.0
8	机器与设备	0.0/0.0	800.0/800.0
9	在建工程	0.0/0.0	0.0/0.0
10	固定资产合计	0.0/0.0	800.0/800.0
11	资产总计	600.0/600.0	1486.0/1486.0
12	长期负债	0.0/0.0	800.0/800.0
13	短期负债	0.0/0.0	0.0/0.0
14	应付款	0.0/0.0	0.0/0.0
15	应交税金	0.0/0.0	17.2/17.2
16	负债合计	0.0/0.0	817.2/817.2
17	股东资本	600.0/600.0	600.0/600.0
18	利润留存	0.0/0.0	0.0/0.0
19	本年利润	0.0/0.0	68.8/68.8
20	权益合计	600.0/600.0	668.8/668.8
21	负债+所有者权益总计	600.0/600.0	1486.0/1486.0

图 4-222　第一年报表数据(一)

序号	项目	本年发生（系统/学生）
1	销售收入	928.0/928.0
2	直接成本	552.0/552.0
3	毛利	376.0/376.0
4	综合费用	290.0/290.0
5	折旧前利润	86.0/86.0
6	折旧	0.0/0.0
7	支付利息前利润	86.0/86.0
8	财务费用	0.0/0.0
9	营业外收支	0.0/0.0
10	税前利润	86.0/86.0
11	所得税	17.2/17.2
12	净利润	68.8/68.8

图 4-223　第一年报表数据(二)

第二节 第二年经营过程

一、年初工作

年初，总经理在所在工作界面，单击"预算申报"菜单，填写申报金额，向财务总监申请拨款 60 万元，申请理由可以不用填写，如图 4-224 和图 4-225 所示。

图 4-224　总经理申报经费

图 4-225　总经理提交经费申请书

总经理对市场资质进行开发。总经理在"资质开发"界面进行亚洲、国际两个市场的准入开发，岗位经费自动扣资金各 10 万元，共 20 万元，如图 4-226 和图 4-227 所示。

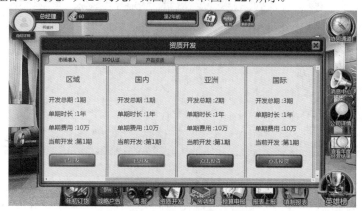

图 4-226　进行市场准入资质开发

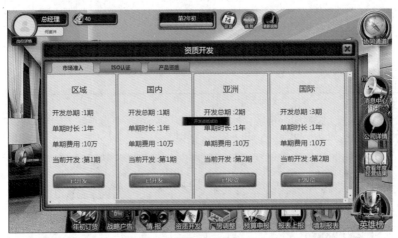

图 4-227 市场准入资质开发完成

根据生产周期推算，一期生产为 60 天，1 月 1 日开产，接下来的几个生产日期经推算为 3 月 1 日、5 月 1 日、7 月 1 日、9 月 1 日、11 月 1 日。对市场进行研究后，发现目前的产能可以满足不只一个市场，因此，我们选择在本地、区域、国内 3 个市场进行选单，如图 4-228～图 4-230 所示。

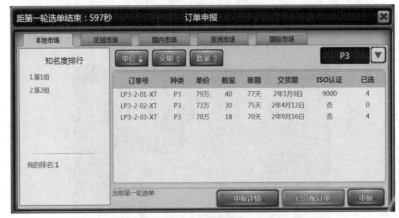

图 4-228 本地市场选单界面

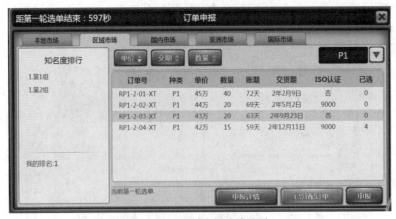

图 4-229 区域市场选单界面

图 4-230　国内市场选单界面

选单完成后可在"申报详情"界面查询订单情况，如图 4-231 和图 4-232 所示。

市场	订单号	产品	申报数量	单价	交货日期	应收期	ISO9000	ISO14000
本地	LP3-2-01-XT	P3	4	79	2-1-9	77	●	○
本地	LP3-2-03-XT	P3	4	70	2-9-16	70	○	○
区域	RP1-2-04-XT	P1	4	42	2-12-11	59	●	○
国内	DP3-2-01-XT	P3	4	77	2-4-11	65	●	○
国内	DP3-2-02-XT	P3	4	76	2-6-30	70	○	○

图 4-231　"申报详情"界面(一)

市场	订单号	产品	申报数量	单价	交货日期	应收期	ISO9000	ISO14000
本地	LP3-2-03-XT	P3	4	70	2-9-16	70	○	○
区域	RP1-2-04-XT	P1	4	42	2-12-11	59	●	○
国内	DP3-2-01-XT	P3	4	77	2-4-11	65	●	○
国内	DP3-2-02-XT	P3	4	76	2-6-30	70	○	○
国内	DP3-2-03-XT	P3	4	72	2-8-12	65	●	○

图 4-232　"申报详情"界面(二)

在进入第二轮选单时，系统会根据市场排名分配订单，总经理可在已分配订单处查看分配结果，如图 4-233 所示。

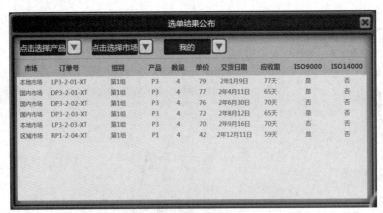

图 4-233　在已分配订单界面查看分配结果

二、年中工作

1. 年中 1 月份操作

当日期显示为 1 年 1 月 1 日时，进入年中阶段。年中阶段，总经理可以进行厂房调整和产品资质开发操作。

总经理向财务总监申请 60 万元经费，进行厂房续租操作，如图 4-234 和图 4-235 所示。

图 4-234　总经理申请厂房续租经费

图 4-235　总经理提交厂房续租经费申请书

财务总监查询账户金额实存数额是否足够运营，若不足，则需要申请贷款。账户现存款为464.8万元，财务总监批准总经理拨款60万元的请求，如图4-236和图4-237所示。

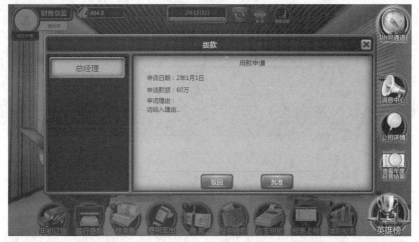

图4-236　财务总监批准总经理厂房续租预算申请

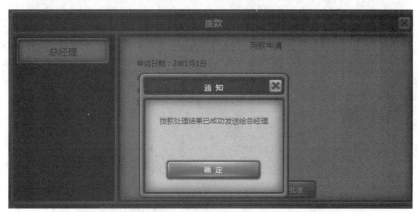

图4-237　财务总监向总经理转款成功

在拿到拨款60万元后，总经理在"厂房调整"界面对A厂房进行续租，如图4-238和图4-239所示。

图4-238　对A厂房进行续租

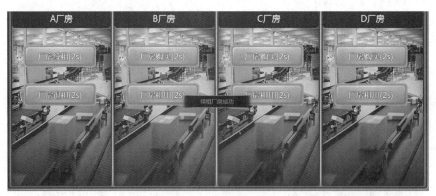

图 4-239　A 厂房续租成功

总经理向财务总监申请经费 10 万元，进行研发资质操作，如图 4-240 和图 4-241 所示。

图 4-240　总经理申报研发资质经费

图 4-241　总经理提交研发资质经费申请书

财务总监从账户内拨付款项 10 万元给总经理，如图 4-242 和图 4-243 所示。

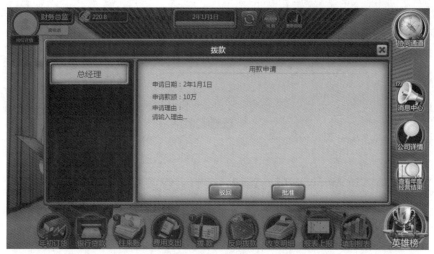

图 4-242　财务总监批准总经理研发资质预算申请

图 4-243　财务总监向总经理转款成功

收到拨款 10 万元后，总经理对 P1 进行研发，在操作界面单击"资质开发"菜单，在"资质开发"界面选择 P1 产品资质开发，岗位经费自动扣 10 万元，如图 4-244 和图 4-245 所示。

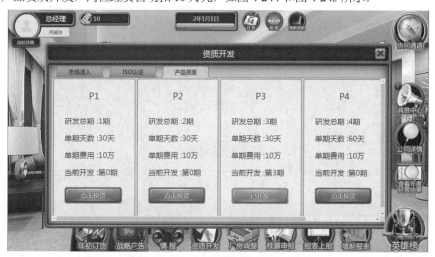

图 4-244　对 P1 产品进行资质开发

图 4-245　P1 产品资质开发成功

采购总监可开始订购下一批原材料，在第二年的 1 月 1 日预订 R3、R4 原材料各 4 个，如图 4-246 和图 4-247 所示。

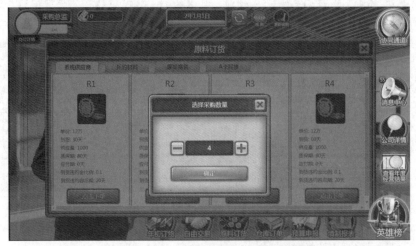

图 4-246　订购 4 个 R3

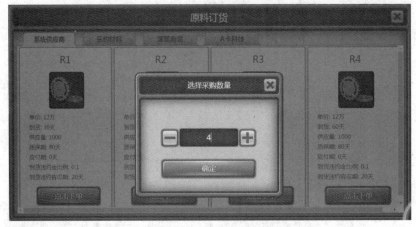

图 4-247　订购 4 个 R4

系统自动生成原料订单，如图 4-248 所示。

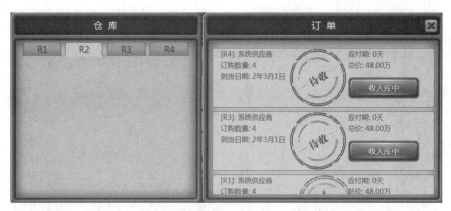

图 4-248　原料"订单"界面

生产总监在"厂房"界面将生产线中的完工产品收入仓库,如图 4-249 和图 4-250 所示。

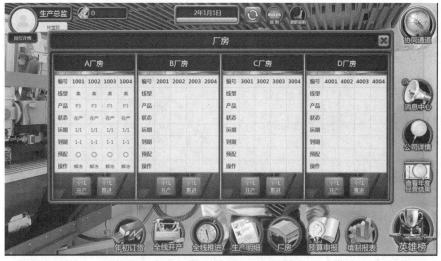

图 4-249　"厂房"界面

图 4-250　将完工产品收入仓库

完工产品进库后,销售总监提交第一笔订单,即出库 4 个 P3,然后提交订单,如图 4-251 和图 4-252 所示。

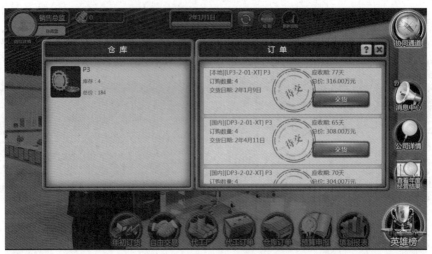

图 4-251 成品仓库"订单"界面

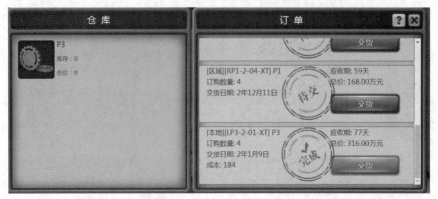

图 4-252 订单提交成功

在销售总监提交订单后,财务总监往来账处会显示有一笔应收款待收,到期时间为 3 月 18 日,款项为 316 万元,如图 4-253 所示。

图 4-253 财务总监收取应收款

采购总监申请并收到拨款 96 万元后,将到期的原材料订单收入库中,原料库存如图 4-254～图 4-256 所示。

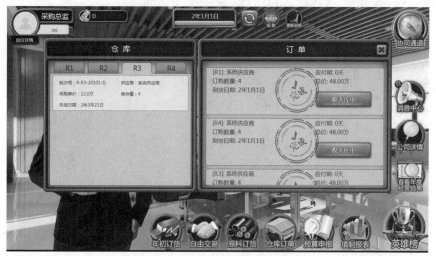

图 4-254　R3 仓库库存

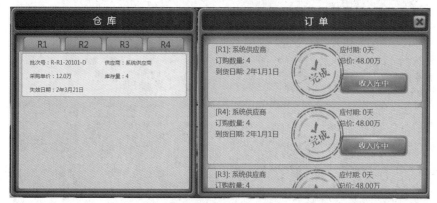

图 4-255　R1 仓库库存

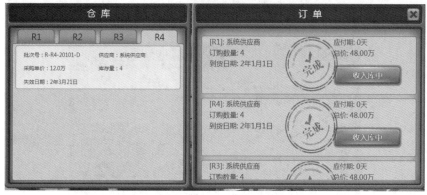

图 4-256　R4 仓库库存

生产总监继续进行预配,并向财务总监申请该次的开产费用 40 万元,如图 4-257～图 4-260 所示。

图 4-257　生产总监进行生产预配

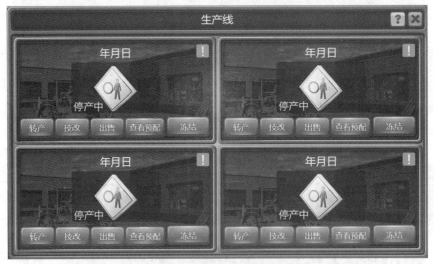

图 4-258　生产预配成功

图 4-259　生产总监申请开产费用

图 4-260　生产总监提交开产费用申请书

财务总监从账户拨付款项 40 万元，如图 4-261 和图 4-262 所示。

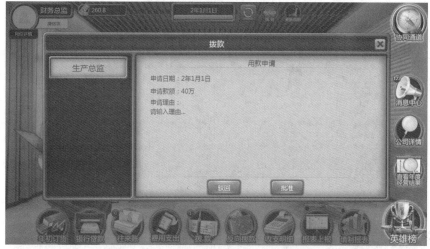

图 4-261　财务总监批准生产总监开产预算申请

图 4-262　财务总监向生产总监转款成功

生产总监预配完成并取得拨款后，单击"厂房"界面中的"全线开产"按钮，开始本期的产品生产，如图 4-263 所示。

财务总监月末需交付管理费 5 万元，如图 4-264 所示。

图 4-263　全线推进成功

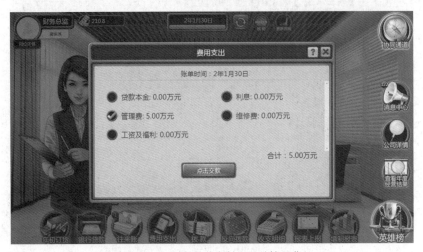

图 4-264　财务总监交付 1 月份管理费

2. 年中 2 月份操作

2 月 1 日，总经理继续向财务总监申请拨款 10 万元，进行 P1 产品资质的开发，如图 4-265 所示。

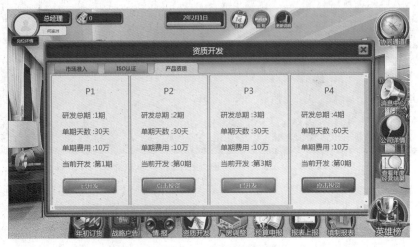

图 4-265　P1 产品资质开发

采购总监继续预订 4 个 R1 原材料，如图 4-266 所示。

图 4-266　预订 4 个 R1

系统自动生成原料订单，如图 4-267 所示。

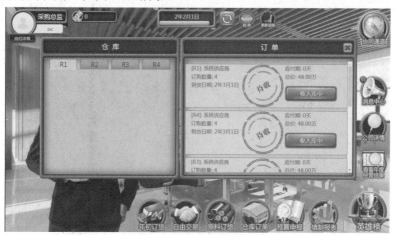

图 4-267　原料"订单"界面

财务总监月末需交付管理费 5 万元，如图 4-268 所示。

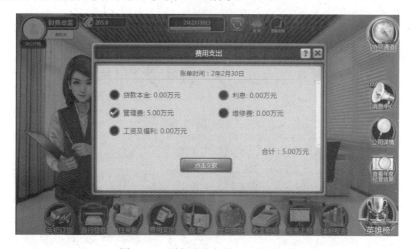

图 4-268　财务总监交付 2 月份管理费

3. 年中 3 月份操作

3 月 1 日，财务总监需交付上年 3 月 1 日的贷款利息 20 万元(后面每一年同一时间也需交利息)，若账户不足则向银行贷款补足，如图 4-269 和图 4-270 所示。

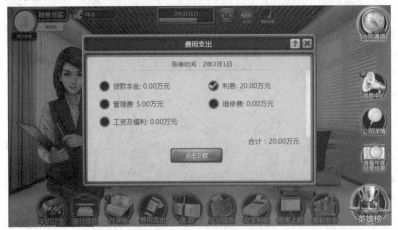

图 4-269　交付上年贷款利息

图 4-270　银行贷款 1 份

采购总监处，原料订单到期，采购总监向财务总监申请拨款 144 万元，用以支付材料款，如图 4-271～图 4-273 所示。

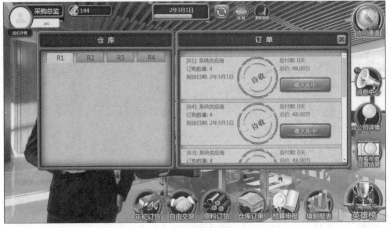

图 4-271　原料"订单"界面

图 4-272 采购总监申请材料款

图 4-273 采购总监提交材料款申请书

财务总监从账户拨付款项 144 万元给采购总监，如图 4-274 和图 4-275 所示。

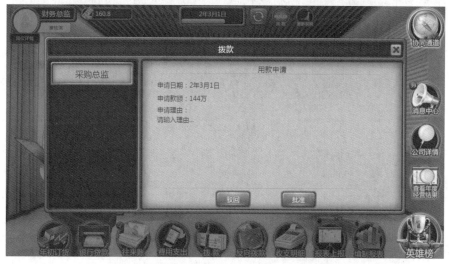

图 4-274 财务总监批准采购总监材料款预算申请

图 4-275　财务总监向采购总监转款成功

采购总监收到款项 144 万元后将原材料收入库中。原料 R1、R3、R4 仓库库存情况，如图 4-276～图 4-278 所示。

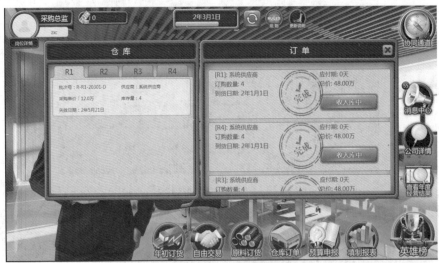

图 4-276　R1 仓库库存

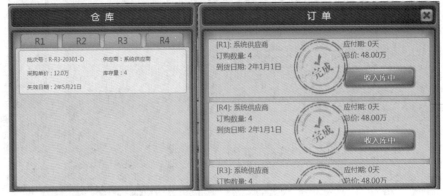

图 4-277　R3 仓库库存

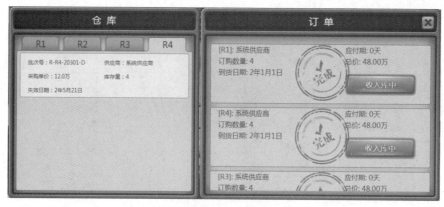

图 4-278　R4 仓库库存

收料完成后，同时继续订购下一批生产所需原材料 R3、R4 各 4 个，如图 4-279 和图 4-280 所示。

图 4-279　订购 4 个 R3

图 4-280　订购 4 个 R4

系统自动生成原料订单，如图 4-281 所示。

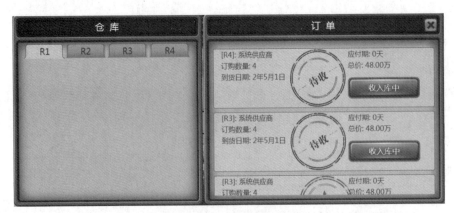

图 4-281　生成原料订单

生产总监将到期的生产线全线推进,将完工产成品放到仓库,如图 4-282 和图 4-283 所示。

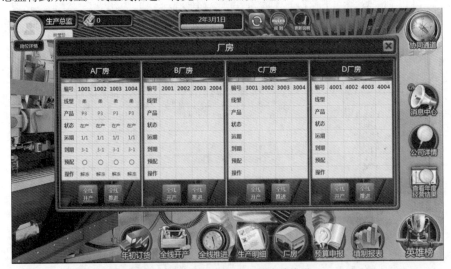

图 4-282　将到期的生产线全线推进

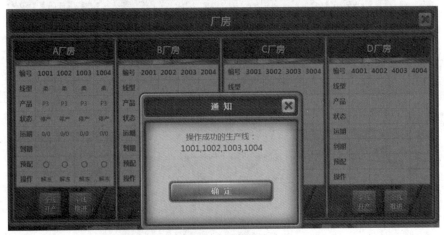

图 4-283　全线推进成功

销售总监将完工成品收入成品仓库,并进行提交完成订单出货,如图 4-284 和图 4-285 所示。

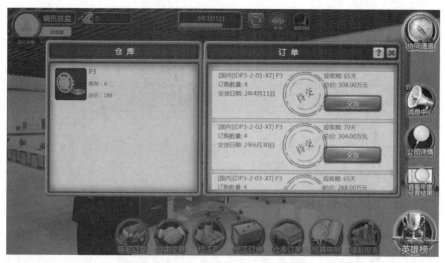

图 4-284　将完工产品收入成品仓库

图 4-285　订单提交成功

在销售总监提交订单后,财务总监往来账处显示有一笔应收款,到期时间为 5 月 6 日,款项为 308 万元,如图 4-286 所示。

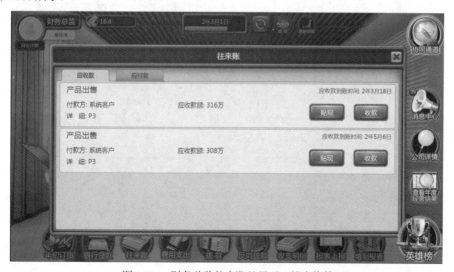

图 4-286　财务总监往来账处显示一笔应收款

生产总监在采购总监收料工作完成后，继续进行生产线预配，如图4-287～图4-289所示。

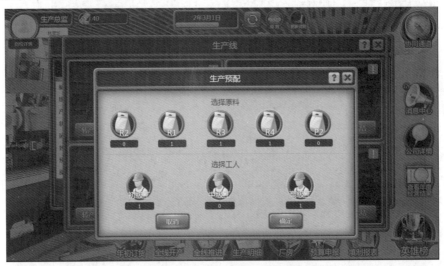

图4-287　生产总监进行生产预配

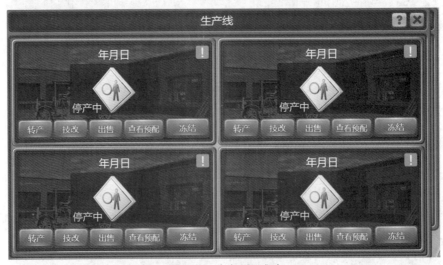

图4-288　生产预配成功

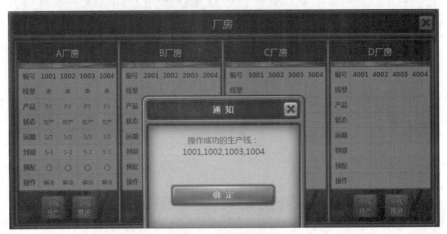

图4-289　全线推进成功

预配工作完成后,生产总监向财务总监申请该次的开产费用 40 万元,如图 4-290 和图 4-291 所示。

图 4-290　生产总监申请开产费拨款

图 4-291　生产总监提交开产费拨款申请书

财务总监从账户中拨付款项 40 万元给生产总监,如图 4-292 和图 4-293 所示。

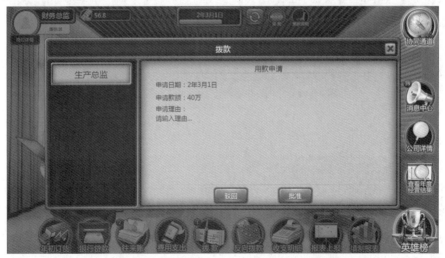

图 4-292　财务总监批准生产总监开产预算申请

图 4-293　财务总监向生产总监转款成功

3 月 18 日，应收款 316 万元到账，财务总监在往来账处单击"收款"按钮，将款项收入账中，如图 4-294 和图 4-295 所示。

图 4-294　财务总监应收款到账

图 4-295　财务总监收款成功

财务总监月末需交付管理费 5 万元，如图 4-296 所示。

图 4-296　财务总监交付 3 月份管理费

4. 年中 4 月份操作

4 月 1 日，采购总监继续预订 4 个 R1 原材料，如图 4-297 所示。

图 4-297　预订 4 个 R1

系统自动生成原料订单，如图 4-298 和图 4-299 所示。

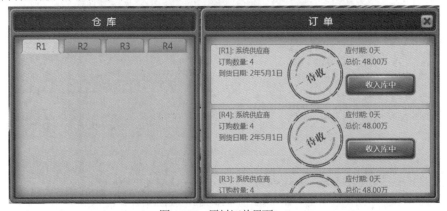

图 4-298　原料订单界面(一)

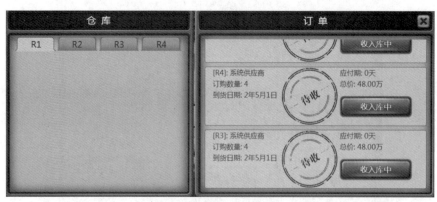

图 4-299　原料订单界面(二)

财务总监月末需交付管理费 5 万元，如图 4-300 所示。

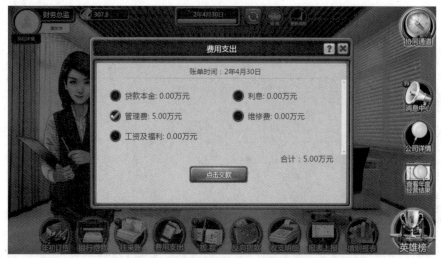

图 4-300　财务总监交付 4 月份管理费

5. 年中 5 月份操作

5 月 1 日，财务总监在"费用支出"界面，勾选利息费 20 万元和维修费 80 万元，单击"点击交款"按钮，如图 4-301 所示。需要注意的是，后面每一年都需在同一时间交付维修费。

图 4-301　"费用支出"界面

采购总监查询原料订单到货日期，如图 4-302 所示。

图 4-302　原料订单界面

采购总监向财务总监申请拨款 144 万元，用以支付材料款，如图 4-303 和图 4-304 所示。

图 4-303　采购总监申请材料款

图 4-304　采购总监提交材料款申请书

财务总监从账户中拨付款项 144 万元给采购总监，如图 4-305 和图 4-306 所示。

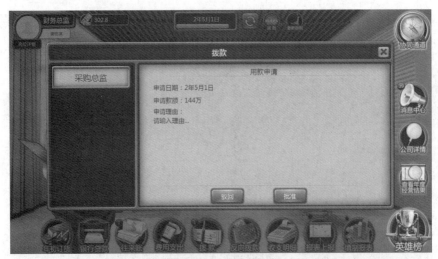

图 4-305　财务总监批准采购总监材料预算申请

图 4-306　财务总监向采购总监转材料款成功

采购总监收到款项 144 万元后，将原材料收入库中。原料 R1、R3、R4 仓库库存情况如图 4-307～图 4-309 所示。

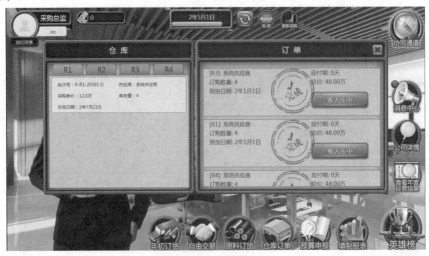

图 4-307　R1 仓库库存

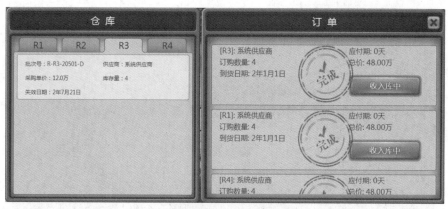

图 4-308 R3 仓库库存

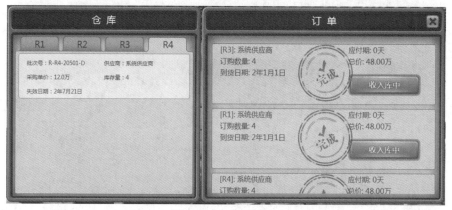

图 4-309 R4 仓库库存

采购总监继续订购下一批生产所需原材料 R3、R4 各 4 个，如图 4-310 和图 4-311 所示。

图 4-310 订购 4 个 R3

图 4-311 订购 4 个 R4

系统自动生成原料订单，如图 4-312 所示。

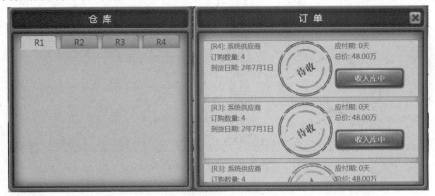

图 4-312 原料订单界面

生产总监将到期的生产线全线推进，将完工产成品放到仓库，如图 4-313 所示。

图 4-313 全线推进成功

完工产成品入库后，销售总监提交第一笔订单，完成订单出库工作，如图 4-314 和图 4-315 所示。

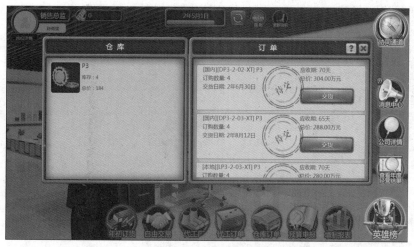

图 4-314　成品仓库界面

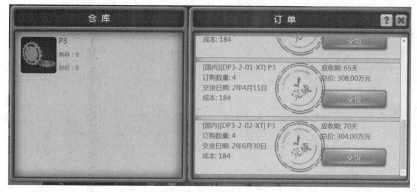

图 4-315　订单提交成功

销售总监提交订单工作完成后，财务总监往来账处显示有一笔应收款项，到期时间为 7 月 11 日，款项为 304 万元，如图 4-316 所示。

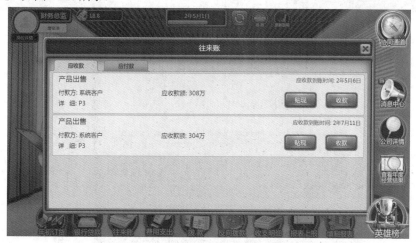

图 4-316　财务总监往来账处显示一笔应收款

生产总监继续进行预配，并向财务总监申请该次的开产费用 40 万元，如图 4-317～图 4-320 所示。

图 4-317 生产总监进行生产预配

图 4-318 全线推进成功

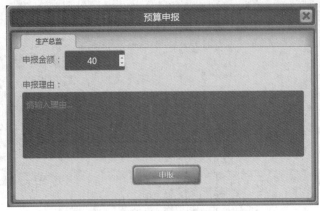

图 4-319 生产总监申请开产拨款

图 4-320　生产总监提交开产拨款申请书

财务总监从账户拨付款项 40 万元，如图 4-321 和图 4-322 所示。

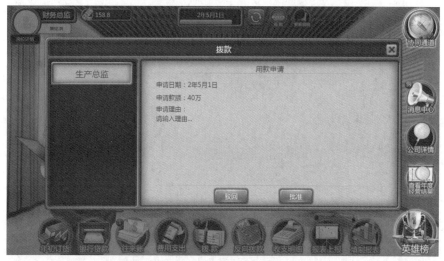

图 4-321　财务总监批准生产总监开产预算申请

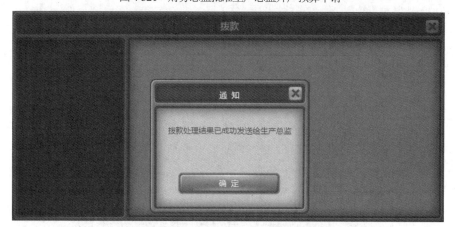

图 4-322　财务总监向生产总监转款成功

5 月 6 日，财务总监在往来账处单击"收款"按钮，将款项 308 万元收入账户中，如图 4-323 和图 4-324 所示。

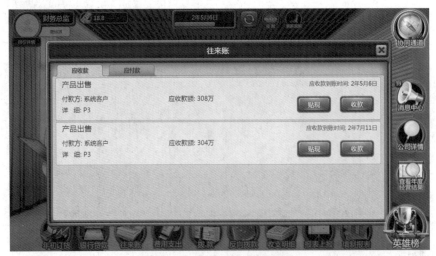

图 4-323　财务总监应收款到账

图 4-324　财务总监收款成功

财务总监月末需交付管理费 5 万元，如图 4-325 所示。

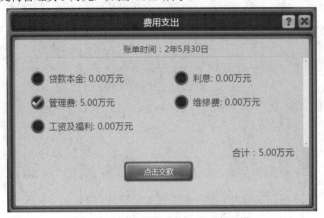

图 4-325　财务总监交付 5 月份管理费

6. 年中 6 月份操作

6 月 1 日，采购总监继续预订 4 个 R1 原材料，如图 4-326 所示。

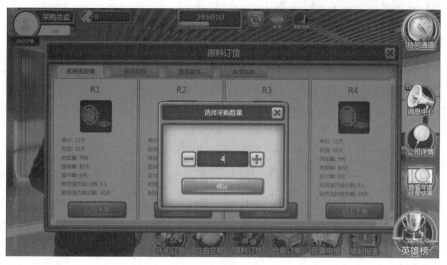

图 4-326　预订 4 个 R1

系统自动生成原料订单,如图 4-327 和图 4-328 所示。

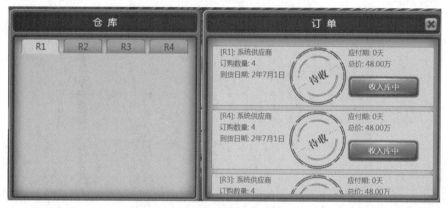

图 4-327　原料订单界面(一)

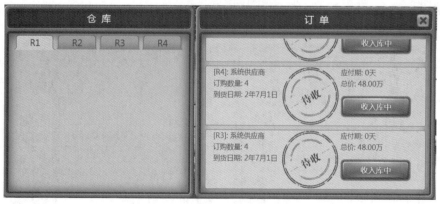

图 4-328　原料订单界面(二)

财务总监月末需交付管理费 5 万元,如图 4-329 所示。

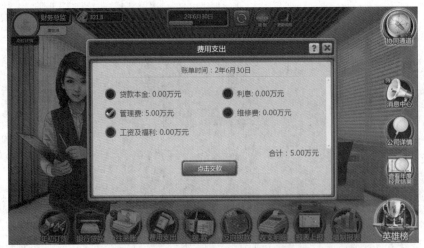

图 4-329 财务总监交付 6 月份管理费

7. 年中 7 月份操作

7 月 1 日,财务总监交付银行利息 20 万元,如图 4-330 所示。

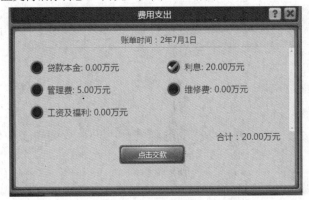

图 4-330 财务总监交付银行利息

采购总监处,原料订单到期,采购总监向财务总监申请拨款 144 万元,用以支付材料款,如图 4-331～图 4-333 所示。

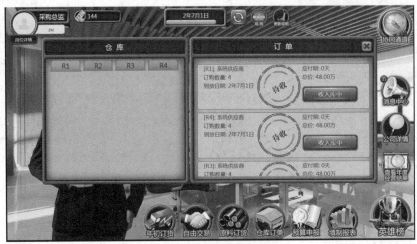

图 4-331 原料订单到期界面

图 4-332　采购总监申请材料款

图 4-333　采购总监提交材料款申请书

财务总监从账户中拨付款项 144 万元给采购总监，如图 4-334 和图 4-335 所示。

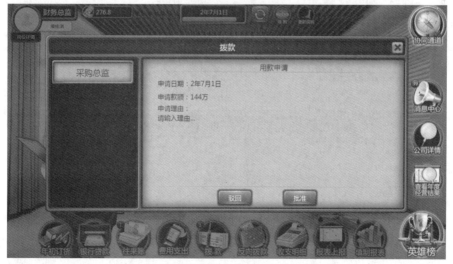

图 4-334　财务总监批准采购总监材料预算申请

图 4-335　财务总监向采购总监转款成功

采购总监收到款项 144 万元后，将原材料收入库中。原料 R1、R3、R4 仓库库存情况，如图 4-336～图 4-338 所示。

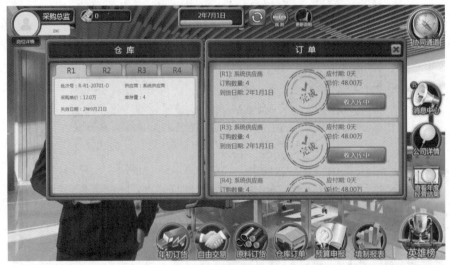

图 4-336　R1 仓库库存

图 4-337　R3 仓库库存

图 4-338　R4 仓库库存

生产总监将到期的生产线全线推进，将完工产成品放到仓库，如图 4-339 所示。

图 4-339　生产线全线推进成功

成品库存情况，如图 4-340 所示。

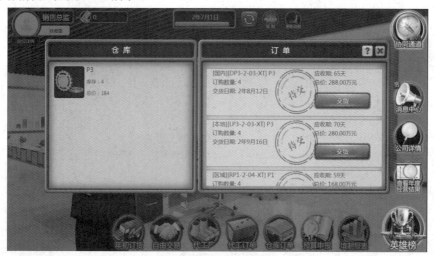

图 4-340　成品库存情况

销售总监收到完工产成品后，将 P3 产品提交订单出库，如图 4-341 所示。

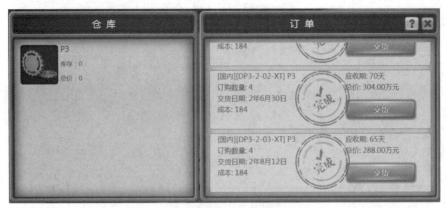

图 4-341　P3 产品订单提交成功

销售总监提交订单后，财务总监往来账处会显示有一笔应收款，到期时间为 9 月 6 日，款项为 288 万元，如图 4-342 所示。

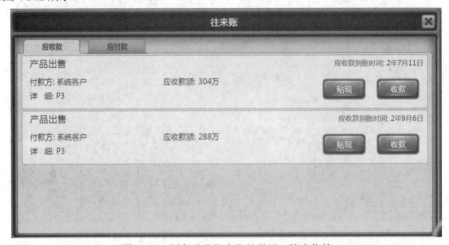

图 4-342　财务总监往来账处显示一笔应收款

原材料收料完成后，生产总监继续进行预配，如图 4-343 和图 4-344 所示。

图 4-343　生产总监继续进行生产预配

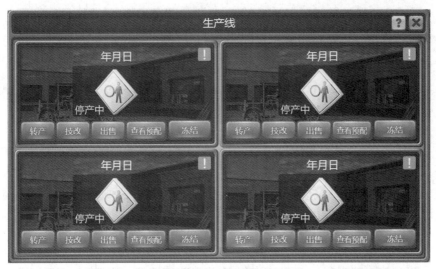

图 4-344 生产预配完成

生产总监向财务总监申请该次的开产费用 40 万元，如图 4-345 和图 4-346 所示。

图 4-345 生产总监申请开产拨款

图 4-346 生产总监提交开产拨款申请书

财务总监从账户中拨付款项 40 万元给生产总监，如图 4-347 和图 4-348 所示。

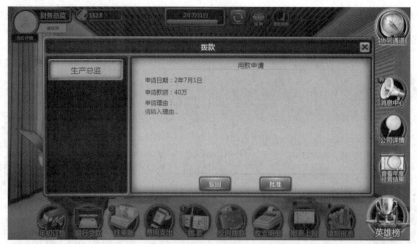

图 4-347 财务总监批准生产总监开产预算申请

图 4-348 财务总监向生产总监转款成功

预配完成并收到拨款后,单击"厂房"界面中的"全线开产"按钮,即可开始生产,本期生产批次的出产日期为 9 月 1 日,如图 4-349 所示。

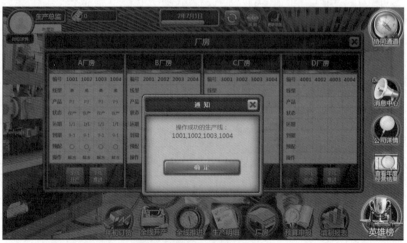

图 4-349 全线推进成功

7 月 11 日,应收款到账,财务总监在往来账处单击"收款"按钮,将款项 288 万元收入账户中,如图 4-350 和图 4-351 所示。

图 4-350　财务总监应收款到账

图 4-351　财务总监收款成功

财务总监月末需交付管理费 5 万元，如图 4-352 所示。

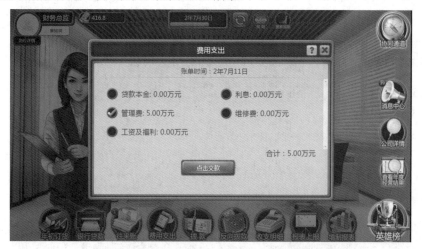

图 4-352　财务总监交付 7 月份管理费

8. 年中 8 月份操作

8 月 1 日，根据本年生产需要，下一批生产产品类型为 P1，根据原材料组成，采购总监需预订 R2 原材料 4 个，如图 4-353 所示。

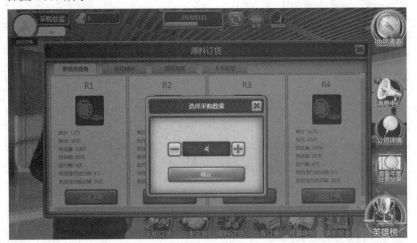

图 4-353　订购 4 个 R2

系统自动生成原料订单，如图 4-354 所示。

图 4-354　原料订单界面

财务总监月末需交付管理费 5 万元，如图 4-355 所示。

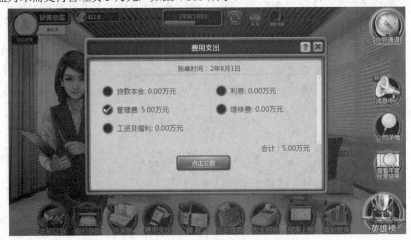

图 4-355　财务总监交付 8 月份管理费

9. 年中 9 月份操作

9 月 1 日，原料订单到期，采购总监向财务总监申请拨款 48 万元，用以支付材料款，如图 4-356 和图 4-357 所示。

图 4-356　采购总监申请材料款

图 4-357　采购总监提交材料款申请书

由于下一批生产产品类型由 P1 改回 P3，所以采购总监需继续订购下一批生产所需原材料 R3、R4 各 4 个，如图 4-358 和图 4-359 所示。

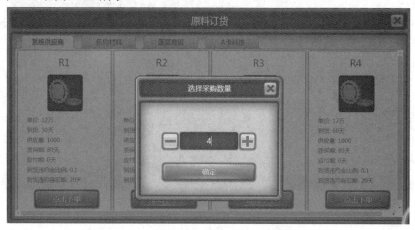

图 4-358　订购 4 个 R3

图 4-359　订购 4 个 R4

系统自动生成原料订单，如图 4-360 所示。

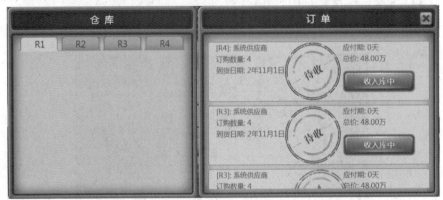

图 4-360　原料订单界面

财务总监从账户 406.8 万元中拨付款项 48 万元给采购总监，如图 4-361 和图 4-362 所示。

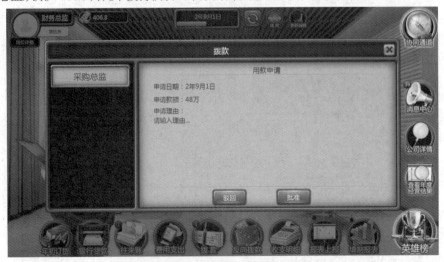

图 4-361　财务总监批准采购总监材料预算申请

图 4-362　财务总监向采购总监转款成功

采购总监收到款项 48 万元后将原材料收入库中，如图 4-363 所示。

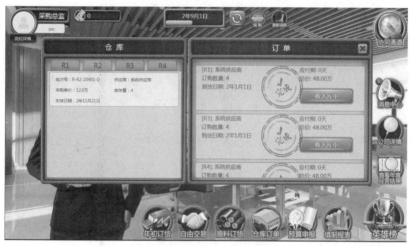

图 4-363　将原材料收入库中

生产总监将到期的生产线全线推进，将完工产成品放到仓库，如图 4-364 所示。

图 4-364　全线推进成功

成品库存情况，如图 4-365 所示。

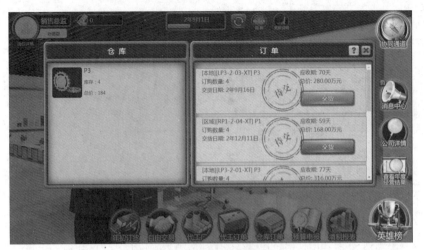

图 4-365　成品库存情况

销售总监收到完工产成品后，完成提交订单工作，如图 4-366 所示。

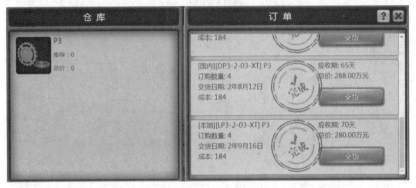

图 4-366　订单提交成功

在销售总监提交订单后，财务总监往来账处显示有一笔应收款，到期时间为 11 月 11 日，款项为 280 万元，如图 4-367 所示。

图 4-367　财务总监收取应收款

由于本期生产的产品为 P1,所以生产总监需要对生产线进行转产。进入 A 厂房,单击"转产"按钮,选中 P1,单击"确定"按钮,如图 4-368 所示。对其余生产线进行同样的操作。

图 4-368　生产转产

转产完成后,生产总监继续进行预配,并向财务总监申请该次的开产费用 40 万元,如图 4-369～图 4-372 所示。

图 4-369　生产总监继续进行生产预配

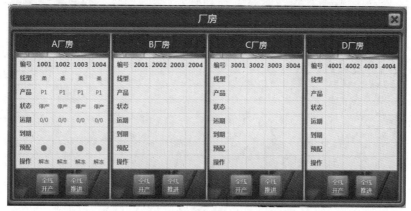

图 4-370　生产总监进行全线开产

图 4-371　生产总监申请开产费

图 4-372　生产总监提交开产费申请书

财务总监从账户中拨付款项 40 万元给生产总监，如图 4-373 和图 4-374 所示。

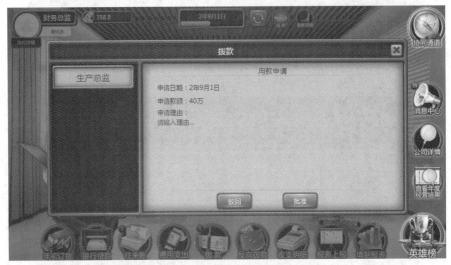

图 4-373　财务总监批准生产总监开产预算申请

图 4-374　财务总监向生产总监转款成功

生产总监预配完成并取得拨款 40 万元后，单击"厂房"界面中的"全线开产"按钮，即可开始生产，本期生产批次的出产日期为 11 月 1 日，如图 4-375 所示。

图 4-375　全线推进成功

9 月 6 日，应收款到账，财务总监在往来账处单击"收款"按钮，将款项 288 万元收入账中，如图 4-376 和图 4-377 所示。

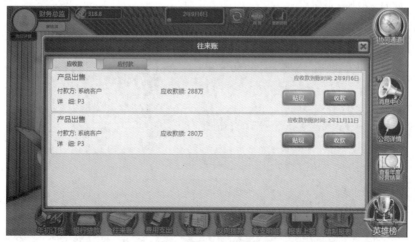

图 4-376　财务总监应收款到账

图 4-377 财务总监收款成功

财务总监月末需交付管理费 5 万元，如图 4-378 所示。

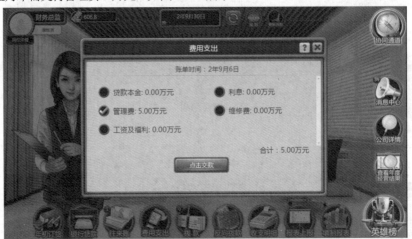

图 4-378 财务总监交付 9 月份管理费

10. 年中 10 月份操作

10 月 1 日，为了生产连续性，采购总监继续预订 4 个 R1 原材料，如图 4-379 所示。

图 4-379 预订 4 个 R1

系统自动生成原料订单,如图 4-380 和图 4-381 所示。

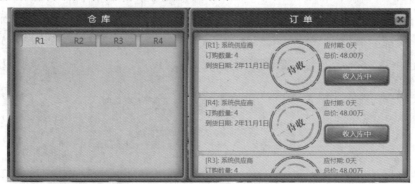

图 4-380 原料订单界面(一)

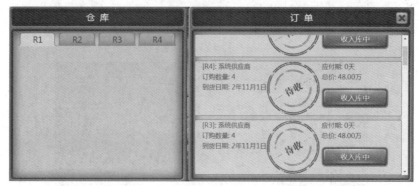

图 4-381 原料订单界面(二)

财务总监月末需交付管理费 5 万元,如图 4-382 所示。

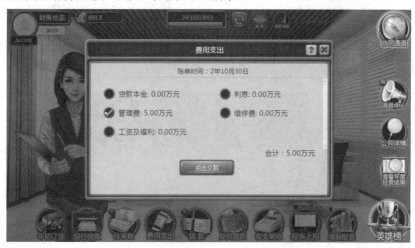

图 4-382 财务总监交付 10 月份管理费

11. 年中 11 月份操作

11 月 1 日,采购总监处,原料订单到期,采购总监向财务总监申请拨款 144 万元,用以支付材料款,如图 4-383 和图 4-384 所示。

图 4-383　采购总监申请材料款

图 4-384　采购总监提交材料款申请书

财务总监从账户拨付款项 144 万元给采购总监，如图 4-385 和图 4-386 所示。

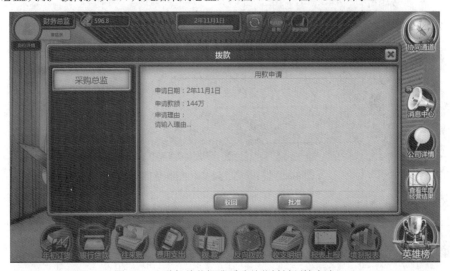

图 4-385　财务总监批准采购总监材料预算申请

图 4-386　财务总监向采购总监转款成功

采购总监收到款项后将原材料收入库中。原料 R1、R3、R4 仓库库存如图 4-387~图 4-389 所示。

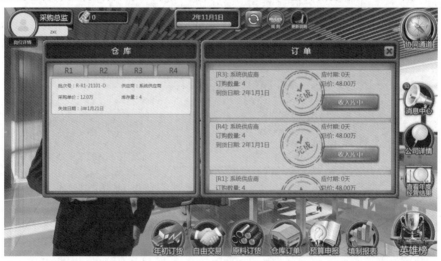

图 4-387　R1 仓库库存

图 4-388　R3 仓库库存

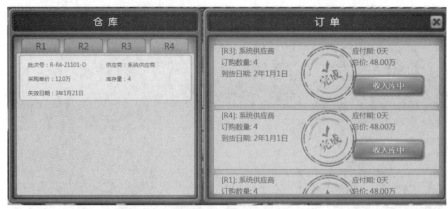

图 4-389　R4 仓库库存

采购总监同时继续订购下一批生产所需原材料 R3、R4 各 4 个，如图 4-390 和图 4-391 所示。

图 4-390　订购 4 个 R3

图 4-391　订购 4 个 R4

系统自动生成原料订单，如图 4-392 所示。

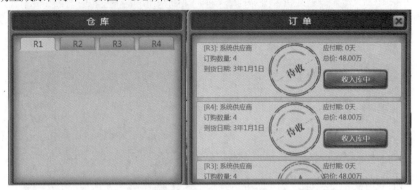

图 4-392 原料订单界面

生产总监将到期的生产线全线推进，将完工产成品移到仓库，如图 4-393 所示。

图 4-393 全线推进成功

成品库存情况，如图 4-394 所示。

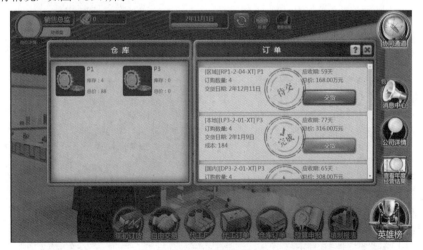

图 4-394 成品库存情况

销售总监收到完工产成品后，提交订单，出货 4 个 P3，如图 4-395 所示。

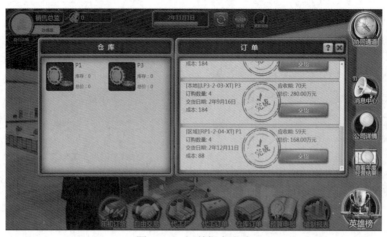

图 4-395 订单提交成功

销售总监提交订单后,财务总监往来账处显示有一笔应收款,到款日期为 12 月 30 日,款项为 168 万元,如图 4-396 所示。

图 4-396 财务总监往来账处显示一笔应收款

由于下一批生产产品种类为 P3,所以生产总监在预配前需把生产线转产回 P3。生产总监进入 A 厂房,单击"转产"按钮,选择 P3,把 4 条线都进行转产操作,如图 4-397 和图 4-398 所示。

图 4-397 选择产品

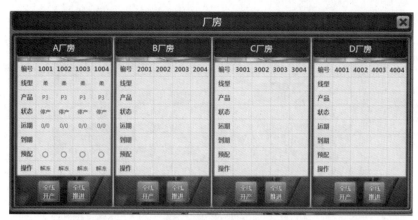

图 4-398 转产操作

转产完成后,生产总监继续进行预配,如图 4-399 和图 4-400 所示。

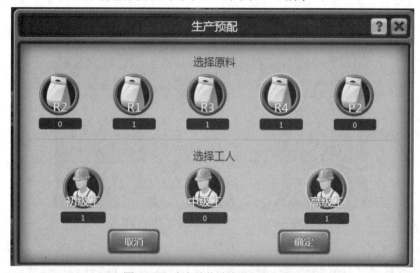

图 4-399 生产总监继续进行生产预配

图 4-400 生产预配成功

预配完成后,生产总监向财务总监申请该次的开产费用 40 万元,如图 4-401 和图 4-402 所示。

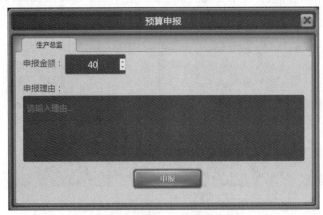

图 4-401　生产总监申请开产费

图 4-402　生产总监提交开产费申请书

财务总监从账户中拨付款项 40 万元给生产总监,如图 4-403 和图 4-404 所示。

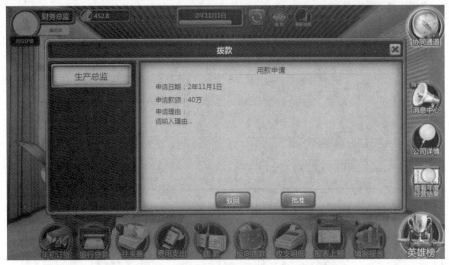

图 4-403　财务总监批准生产总监开产预算申请

图 4-404　财务总监向生产总监转款成功

预配完成并取得拨款 40 万元后，单击"厂房"界面中的"全线开产"按钮，即可开始生产，本期生产批次的出产日期为第三年 1 月 1 日，如图 4-405 所示。

图 4-405　全线推进成功

11 月 11 日，应收款到账，财务总监在往来账处单击"收款"按钮，将款项 280 万元收入账户中，如图 4-406 和图 4-407 所示。

图 4-406　财务总监应收款到账

图 4-407　财务总监收款成功

财务总监月末需交付管理费 5 万元，如图 4-408 所示。

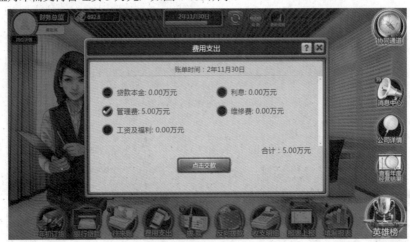

图 4-408　财务总监交付 11 月份管理费

12. 年中 12 月份操作

12 月 1 日，采购总监继续预订 R1 原材料 4 个，如图 4-409 所示。

图 4-409　预订 4 个 R1

系统自动生成原料订单，如图 4-410 和图 4-411 所示。

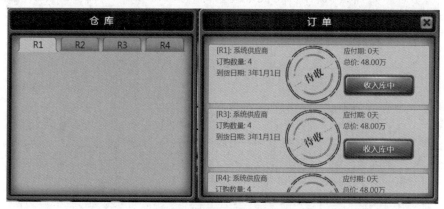

图 4-410　原料订单界面(一)

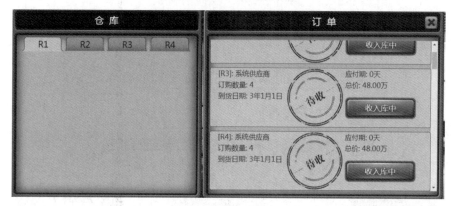

图 4-411　原料订单界面(二)

12 月 30 日，应收款到账，财务总监在往来账处单击"收款"按钮，将款项 168 万元收入账中，如图 4-412 和图 4-413 所示。

图 4-412　财务总监应收款到账

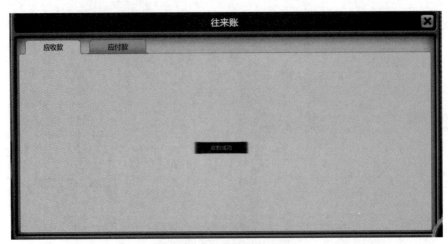

图 4-413　财务总监收款成功

12 月 30 日，总经理申报预算 50 万元，作为战略广告的投放资金，如图 4-414 和图 4-415 所示。

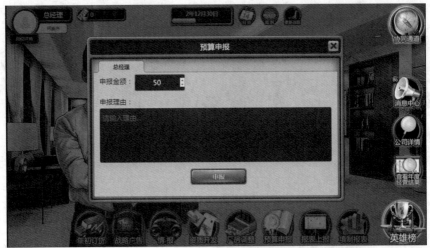

图 4-414　总经理申请广告投放费

图 4-415　总经理提交广告投放费申请书

财务总监从账户 850.8 万元中拨付款项 50 万元给总经理，如图 4-416 和图 4-417 所示。

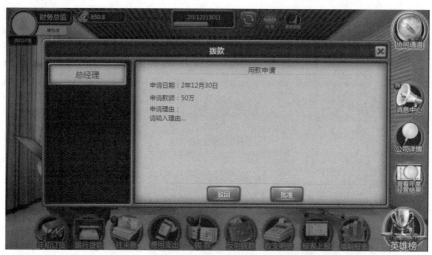

图 4-416　财务总监批准总经理广告投放预算申请

图 4-417　财务总监向总经理转款成功

取得拨款后，总经理单击"战略广告"菜单，选择亚洲市场，投放 50 万元资金，如图 4-418 和图 4-419 所示。

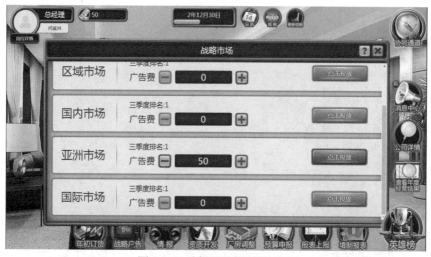

图 4-418　选择亚洲市场投放广告

图 4-419　总经理战略广告投放成功

财务总监月末需交付管理费 5 万元，如图 4-420 所示。

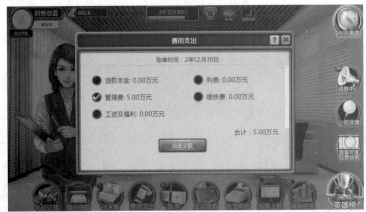

图 4-420　财务总监交付 12 月份管理费

三、年末工作

总经理根据本年度实际发生金额填写经营报表，提交给财务总监，如图 4-421 所示。

生产总监根据生产线折旧、价值信息及在制品的数量和价值信息填列经营报表并保存，如图 4-422 所示。

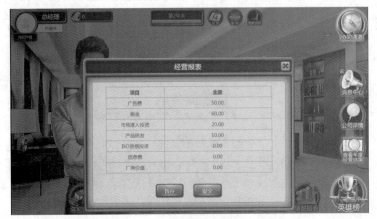

图 4-421　总经理填写年末经营报表

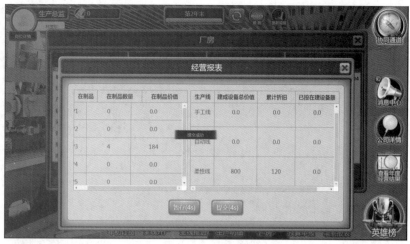

图 4-422　生产总监年末经营报表

销售总监根据本年度的销售订单交货情况，填写经营报表，如图 4-423 所示。

图 4-423　销售总监填写年末经营报表

采购总监通过查询原材料库存信息和原材料订单，填写经营报表，如图 4-424 所示。

图 4-424　采购总监填写年末经营报表

财务总监可以查询费用明细，填写经营报表，如图 4-425 所示。

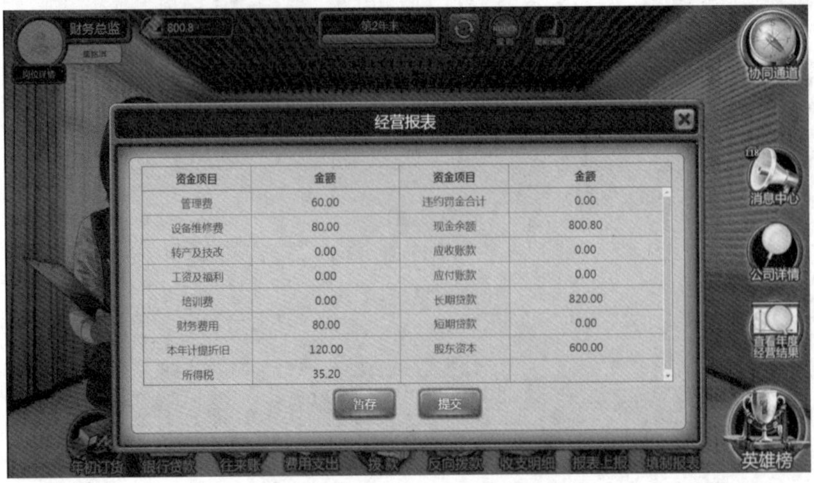

图 4-425　财务总监填写年末经营报表

在所有岗位填写完成，并且财务总监确认无误后，在报表上报处提交报表，如图 4-426 和图 4-427 所示。

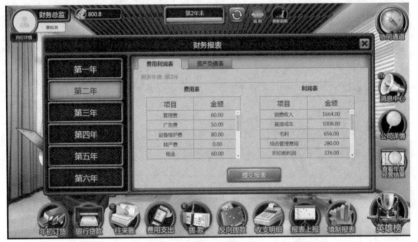

图 4-426　提交财务报表(一)

图 4-427　提交财务报表(二)

本年运营结果由系统后台生成，如图 4-428 和图 4-429 所示。

序号	项目	本年发生（系统/学生）
1	销售收入	1664/1664
2	直接成本	1008/1008
3	毛利	656/656
4	综合费用	280/280
5	折旧前利润	376/376
6	折旧	120/120
7	支付利息前利润	256/256
8	财务费用	80/80
9	营业外收支	0/0
10	税前利润	176/176
11	所得税	35.2/35.2
12	净利润	140.8/140.8

图 4-428　第二年报表数据(一)

序号	项目	年初数（系统/学生）	期末数（系统/学生）
1	现金	502.0/502.0	800.8/800.8
2	应收款	0.0/0.0	0/0
3	在制品	184.0/184.0	184/184
4	产成品	0.0/0.0	0/0
5	原材料	0.0/0.0	0/0
6	流动资产合计	686.0/686.0	984.8/984.8
7	土地和建筑	0.0/0.0	0/0
8	机器与设备	800.0/800.0	680/680
9	在建工程	0.0/0.0	0/0
10	固定资产合计	800.0/800.0	680/680
11	资产总计	1486.0/1486.0	1664.8/1664.8
12	长期负债	800.0/800.0	820/820
13	短期负债	0.0/0.0	0/0
14	应付款	0.0/0.0	0/0
15	应交税金	17.2/17.2	35.2/35.2
16	负债合计	817.2/817.2	855.2/855.2
17	股东资本	600.0/600.0	600/600
18	利润留存	0.0/0.0	68.8/68.8
19	本年利润	68.8/68.8	140.8/40.8
20	权益合计	668.8/668.8	809.6/809.6
21	负债+所有者权益总计	1486.0/1486.0	1664.8/1664.8

图 4-429　第二年报表数据(二)

第三节　第三年经营过程

一、年初工作

总经理向财务总监申请 10 万元资金，开发国际市场。

财务总监拨款后，总经理就可以开始选单工作了。

由于本年度生产日期为1月1日、3月1日、5月1日、7月1日、9月1日、11月1日，故选取订单如下：本地市场 LP3-3-04-XT，区域市场 RP3-3-01-XT、RP3-3-02-XT、RP3-3-03-XT，国内市场 DP-3-04-XT。每一笔订单数量选4个。

选单完成，分配订单后年初工作完成。

二、年中工作

1. 1月1日

总经理申请60万元，作为仓房续租资金使用。财务总监从账面拨付账款。取得拨款后，总经理在厂房调整界面对A厂房进行续租操作。

采购总监处原料订单到期，向财务总监申请144万元支付账款。收到拨款后将材料收入原料仓库，同时继续订购下一批生产原料R3、R4各4个。

生产总监将到期生产线全线推进，把产成品收入仓库。销售总监交付订单。财务总监处生成对应应收款。

生产总监在采购总监收到原料后，向财务总监申请40万元用作开产费，并对生产线进行预配操作。收到拨款后，可单击"全线开产"按钮。

财务总监月末交付管理费5万元。

2. 2月1日

采购总监订购4个R1原材料。财务总监月末交付管理费5万元。

3. 3月1日

财务总监在费用支出界面交付利息费用22万元。

采购总监处原料订单到期，向财务总监申请144万元支付账款。收到拨款后将材料收入原料仓库，同时继续订购下一批生产原料R3、R4各4个。

生产总监将到期生产线全线推进，把完工产成品收入仓库。销售总监交付订单出货。财务总监处生成对应订单的应收款。

生产总监在采购总监收到原材料后，向财务总监申请40万元用作开产费，并对生产线进行预配操作。收到拨款40万元后，可单击"全线开产"按钮。

4. 3月13日

财务总监在往来账处，单击"收款"按钮，收取到期的应收款348万元。

财务总监月末交付管理费5万元。

5. 4月1日

财务总监在"费用支出"界面交付利息费用20万元。

采购总监订购4个R1原材料。财务总监月末交付管理费5万元。

6. 5月1日

财务总监在"费用支出"界面交付利息费用20万元、维修费80万元。

采购总监处原料订单到期，向财务总监申请144万元支付账款。收到拨款后将材料收入原料仓库，同时继续订购下一批生产原料R3、R4各4个。

生产总监将到期生产线全线推进，把完工产成品收入仓库。销售总监交付订单出货。财务总监处生成对应订单的应收款。

生产总监在采购总监收到原料后，向财务总监申请 40 万元用作开产费，并对生产线进行预配操作。收到拨款 40 万元后，可单击"全线开产"按钮。

7. 5 月 18 日

财务总监在往来账处，单击"收款"按钮，收取到期的应收款 336 万元。

财务总监月末交付管理费 5 万元。

8. 6 月 1 日

采购总监订购 4 个 R1 原材料。财务总监月末交付管理费 5 万元。

9. 7 月 1 日

财务总监在"费用支出"界面交付利息费用 20 万元。

采购总监处原料订单到期，向财务总监申请 144 万元支付账款。收到拨款 144 万元后，将材料收入原料仓库，同时继续订购下一批生产原料 R3、R4 各 4 个。

生产总监将到期生产线全线推进，把完工产成品收入仓库。销售总监交付订单。财务总监处生成对应订单的应收款。

生产总监在采购总监收到原材料后，向财务总监申请 40 万元用作开产费，并对生产线进行预配操作。收到拨款 40 万元后，可单击"全线开产"按钮进行全线开产操作。

财务总监月末交付管理费 5 万元。

10. 8 月 1 日

采购总监订购 4 个 R1 原材料。

11. 8 月 7 日

财务总监在往来账处，单击"收款"按钮，收取到期的应收款 288 万元。

12. 8 月 26 日

财务总监在往来账处，单击"收款"按钮，收取到期的应收款 300 万元。

财务总监月末交付管理费 5 万元。

13. 9 月 1 日

采购总监处原料订单到期，向财务总监申请 144 万元支付账款。收到拨款 144 万元后将材料收入原料仓库，同时继续订购下一批生产原料 R3、R4 各 4 个。

生产总监将到期生产线全线推进，把完工产成品收入仓库。销售总监交付订单出货。财务总监处生成对应订单的应收款。

生产总监在采购总监收到原料后，向财务总监申请 40 万元用作开产费，并对生产线进行预配操作。收到拨款 40 万元后，可单击"全线开产"按钮。

财务总监月末交付管理费 5 万元。

14. 10 月 1 日

采购总监订购 4 个 R1 原材料。

财务总监月末交付管理费 5 万元。

15. 11月1日

采购总监处原料订单到期,向财务总监申请 144 万元支付账款。收到拨款 144 万元后将材料收入原料仓库,同时继续订购下一批生产原料 R3、R4 各 4 个。

生产总监将到期生产线全线推进,把完工产成品收入仓库。销售总监交付订单出货,至此本年订单已完成。财务总监处生成对应订单的应收款。

生产总监在采购总监收到原料后,向财务总监申请 40 万元用作开产费,并对生产线进行预配操作。收到拨款 40 万元后,可单击"全线开产"按钮。

16. 11月3日

财务总监在往来账处收取到期的应收款 280 万元。

财务总监月末交付管理费 5 万元。

17. 12月1日

采购总监订购 4 个 R1 原材料。

财务总监月末交付管理费 5 万元。

18. 12月30日

财务总监在往来账处收取到期的应收款 264 万元。

总经理向财务总监申请 50 万元,投放战略广告。收到拨款 50 万元后,总经理在战略广告处投放 50 万元国际市场的战略广告。

财务总监月末交付管理费 5 万元。

三、年末工作

各岗位按照本年经营情况填制报表。

总经理根据本年度实际发生金额填写经营报表,提交给财务总监,如图 4-430 所示。

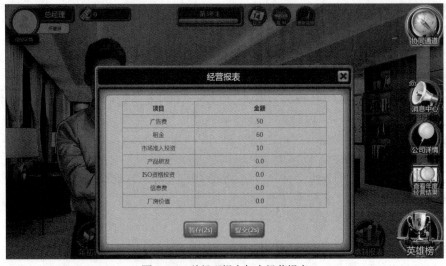

图 4-430　总经理提交年末经营报表

采购总监通过查询原材料库存信息和原材料订单,填写经营报表,如图 4-431 所示。

图 4-431 采购总监提交年末经营报表

生产总监根据生产线折旧、价值信息及在制品的数量和价值信息填列经营报表并保存，如图 4-432 所示。

图 4-432 生产总监提交年末经营报表

销售总监根据本年度的销售订单交货情况，填写经营报表，如图 4-433 所示。

图 4-433 销售总监提交年末经营报表

财务总监查询费用明细后,填写经营报表,如图4-434所示。

图4-434 财务总监提交年末经营报表

所有岗位填写完成,并且财务总监确认无误后,在报表上报处提交报表,如图4-435和图4-436所示。

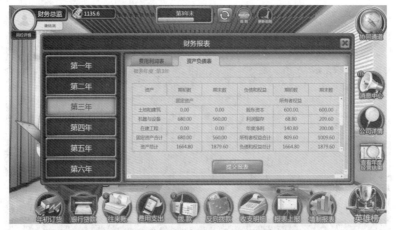

图4-435 财务总监提交年末经营报表界面

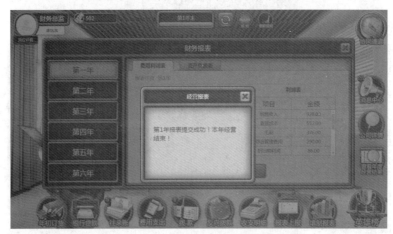

图4-436 财务总监提交年末经营报表成功

本年运营结果(本表由系统后台生成)如图4-437和图4-438所示。

序号	项目	本年发生（系统/学生）
1	销售收入	1816/1816
2	直接成本	1104/1104
3	毛利	712/712
4	综合费用	260/260
5	折旧前利润	452/452
6	折旧	120/120
7	支付利息前利润	332/332
8	财务费用	82/82
9	营业外收支	0/0
10	税前利润	250/250
11	所得税	50/50
12	净利润	200/200

图4-437 第三年报表数据(一)

序号	项目	年初数（系统/学生）	期末数（系统/学生）
1	现金	800.8/800.8	1135.6/1135.6
2	应收款	0/0	0/0
3	在制品	184/184	184/184
4	产成品	0/0	0/0
5	原材料	0/0	0/0
6	流动资产合计	984.8/984.8	1319.6/1319.6
7	土地和建筑	0/0	0/0
8	机器与设备	680/680	560/560
9	在建工程	0/0	560/560
10	固定资产合计	680/680	1879.6/1879.6
11	资产总计	1664.8/1664.8	820/820
12	长期负债	820/820	0/0
13	短期负债	0/0	0/0
14	应付款	0/0	0/0
15	应交税金	35.2/35.2	870/870
16	负债合计	855.2/855.2	600/600
17	股东资本	600/600	209.6/209.6
18	利润留存	68.8/68.8	200/200
19	本年利润	140.8/140.8	1009.6/1009.6
20	权益合计	809.6/809.6	1879.6/1879.6
21	负债+所有者权益总计	1664.8/1664.8	

图4-438 第三年报表数据(二)

第四节 第四年经营过程

一、年初工作

由于市场资质已全部开发，所以可直接进行选单操作。

本年度生产日期为1月1日、3月1日、5月1日、7月1日、9月1日。由于11月1日投产的那一批货，需要下一年的1月1日才能产出，而本次只经营4年，故11月1日停产。

总经理选取订单如下：本地市场 LP3-4-02-XT，国内市场 DP3-4-02-XT，亚洲市场 IP3-4-01-XT、IP3-4-02-XT、IP3-4-03-XT，国际 CP3-4-03-XT。每一笔订单数量选4个。

选单完成并分配订单后年初工作完成。

二、年中工作

1. 1月1日

总经理申请 60 万元，作为仓房续租资金使用。财务总监从账面拨付账款。取得拨款后，总经理在"厂房调整"界面对 A 厂房进行续租操作。

采购总监处原料订单到期，向财务总监申请 144 万元支付账款。收到拨款后将材料收入原料仓库，同时继续订购下一批生产原料 R3、R4 各 4 个。

生产总监将到期生产线全线推进，把产成品收入仓库。销售总监交付订单出货。财务总监处生成对应订单的应收款。

生产总监在采购总监收到原料后，向财务总监申请 40 万元用作开产费，并对生产线进行预配操作。收到拨款 40 万元后，可单击"全线开产"按钮。

财务总监月末交付管理费 5 万元。

2. 2月1日

采购总监订购 4 个 R1 原材料。财务总监月末交付管理费。

3. 3月1日

财务总监在"费用支出"界面交付利息费用 22 万元和贷款本金 220 万元。

采购总监处原料订单到期，向财务总监申请 144 万元支付账款。收到拨款后将材料收入原料仓库，同时继续订购下一批生产原料 R3、R4 各 4 个。

生产总监将到期生产线全线推进，把完工产成品收入仓库。销售总监交付订单出货。财务总监处生成对应订单应收款。

生产总监在采购总监收到原料后，向财务总监申请 40 万元用作开产费，并对生产线进行预配操作。收到拨款 40 万元后，可单击"全线开产"按钮。

4. 3月11日

财务总监在往来账处收取到期的应收款 316 万元。

财务总监月末交付管理费 5 万元。

5. 4月1日

财务总监在"费用支出"界面交付利息费用 20 万元和贷款本金 200 万元。

采购总监订购 4 个 R1 原材料。财务总监月末交付管理费 5 万元。

6. 5月1日

财务总监在"费用支出"界面交付利息费用 20 万元、贷款本金 200 万元和维修费 80 万元。

采购总监处原料订单到期，向财务总监申请 144 万元支付账款。收到拨款 144 万元后，将材料收入原料仓库，同时继续订购下一批生产原料 R3、R4 各 4 个。

生产总监将到期生产线全线推进，把完工产成品收入仓库。销售总监交付订单。财务总监处生成对应订单的应收款。

生产总监在采购总监收到原料后，向财务总监申请 40 万元用作开产费，并对生产线进行预配操作。收到拨款 40 万元后，可单击"全线开产"按钮。

7. 5月8日

财务总监在往来账处收取到期的应收款 300 万元。

财务总监月末交付管理费 5 万元。

8. 6月1日

采购总监订购 4 个 R1 原材料。财务总监月末交付管理费 5 万元。

9. 7月1日

财务总监在"费用支出"界面交付利息费用 20 万元和贷款本金 200 万元。

采购总监处原料订单到期,向财务总监申请 144 万元支付账款。收到拨款后将材料收入原料仓库,同时继续订购下一批生产原料 R3、R4 各 4 个。

生产总监将到期生产线全线推进,把完工产成品收入仓库。销售总监交付订单出货。财务总监处生成对应订单的应收款。

生产总监在采购总监收到原料后,向财务总监申请 40 万元用作开产费,并对生产线进行预配操作。收到拨款 40 万元后,可单击"全线开产"按钮进行全线开产操作。

10. 7月9日

财务总监在往来账处收取到期的应收款 288 万元。

财务总监月末交付管理费 5 万元。

11. 8月1日

采购总监订购 4 个 R1 原材料。

财务总监月末交付管理费 5 万元。

12. 9月1日

采购总监处原料订单到期,向财务总监申请 144 万元支付账款。收到拨款 144 万元后将材料收入原料仓库。

生产总监将到期生产线全线推进,把完工产成品收入仓库。销售总监交付订单出库。财务总监处生成对应订单应收款。

生产总监在采购总监收到原料后,向财务总监申请 40 万元用作开产费,并对生产线进行预配操作。收到拨款 40 万元后,即可单击"全线开产"按钮进行全线开产操作。

财务总监月末交付管理费 5 万元。

13. 9月6日

财务总监在往来账处收取到期的应收款 300 万元。

14. 10月1日

财务总监月末交付管理费 5 万元。

15. 11月1日

生产总监将到期生产线全线推进,把完工产成品收入仓库。销售总监交付订单,至此本年订单已完成。财务总监处生成对应订单的应收款。

财务总监在往来账处收取到期的应收款 280 万元。

财务总监月末交付管理费 5 万元。

16. 12月1日

财务总监月末交付管理费5万元。

三、年末工作

各岗位按照本年经营情况填制报表。填制完成后财务总监上报报表情况。

总经理根据本年度实际发生金额填写经营报表，提交给财务总监，如图4-439所示。

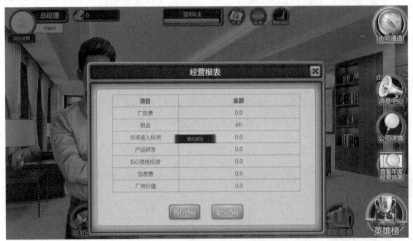

图4-439　总经理提交年末经营报表

采购总监通过查询原材料库存信息和原材料订单，填写经营报表，如图4-440所示。

图4-440　采购总监提交年末经营报表

生产总监根据生产线折旧、价值信息及在制品的数量和价值信息填列经营报表并保存，如图4-441所示。

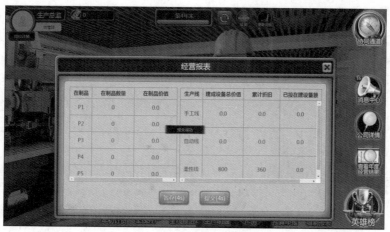

图 4-441　生产总监提交年末经营报表

销售总监根据本年度的销售订单交货情况，填写经营报表，如图 4-442 所示。

图 4-442　销售总监提交年末经营报表

财务总监查询费用明细后，填写经营报表，如图 4-443 所示。

图 4-443　财务总监提交年末经营报表

所有岗位填写完成，并且财务总监确认无误后，在报表上报处提交报表，如图 4-444～图 4-446 所示。

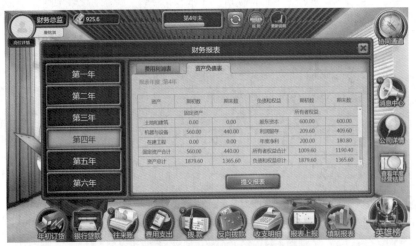

图 4-444　财务总监提交年末经营报表界面

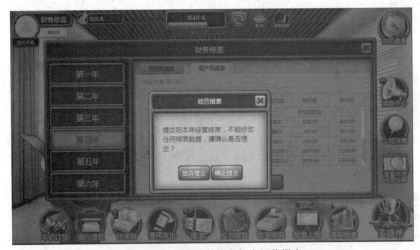

图 4-445　财务总监提交年末经营报表

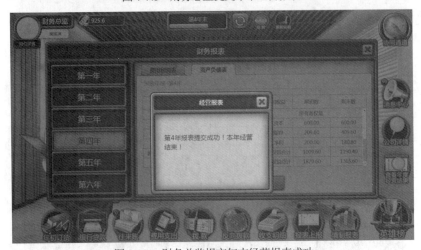

图 4-446　财务总监提交年末经营报表成功

本年运营结果(本表由系统后台生成)，如图4-447和图4-448所示。

序号	项目	本年发生（系统/学生）
1	销售收入	1732/1732
2	直接成本	1104/1104
3	毛利	628/628
4	综合费用	200/200
5	折旧前利润	428/428
6	折旧	120/120
7	支付利息前利润	308/308
8	财务费用	82/82
9	营业外收支	0/0
10	税前利润	226/226
11	所得税	45.2/45.2
12	净利润	180.8/180.8

图4-447　第四年报表数据(一)

序号	项目	年初数（系统/学生）	期末数（系统/学生）
1	现金	1135.6/1135.6	925.6/925.6
2	应收款	0/0	0/0
3	在制品	184/184	0/0
4	产成品	0/0	0/0
5	原材料	0/0	0/0
6	流动资产合计	1319.6/1319.6	925.6/925.6
7	土地和建筑	0/0	0/0
8	机器与设备	560/560	440/440
9	在建工程	560/560	0/0
10	固定资产合计	1879.6/1879.6	440/440
11	资产总计	820/820	1365.6/1365.6
12	长期负债	0/0	20/20
13	短期负债	0/0	110/110
14	应付款	0/0	0/0
15	应交税金	0/0	45.2/45.2
16	负债合计	870/870	155.2/155.2
17	股东资本	600/600	600/600
18	利润留存	209.6/209.6	409.6/409.6
19	本年利润	200/200	180.8/180.8
20	权益合计	1009.6/1009.6	1190.4/1190.4
21	负债+所有者权益总计	1879.6/1879.6	1365.6/1365.6

图4-448　第四年报表数据(二)

第五章 约创 ERP 沙盘实训规范与要求

第一节 登录平台网址

实训开始前，需要通过相应网址登录约创云平台。教师在上课前会统一分配和设置好每个小组、每位成员的账号和密码，学员可在约创登录界面输入本人的账号和密码，如图 5-1 所示。登录时建议使用谷歌浏览器。

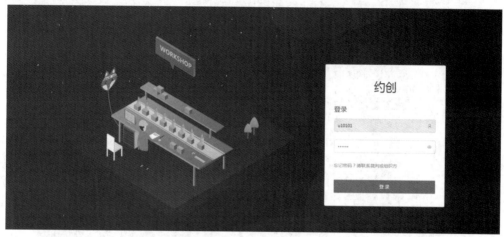

图 5-1　约创登录界面

登录后，首次登录的学员需要完善团队信息，如图 5-2 所示。其中，参赛者姓名必须填写真实姓名，以方便记录分数，所属院校一律写所在院校名字。

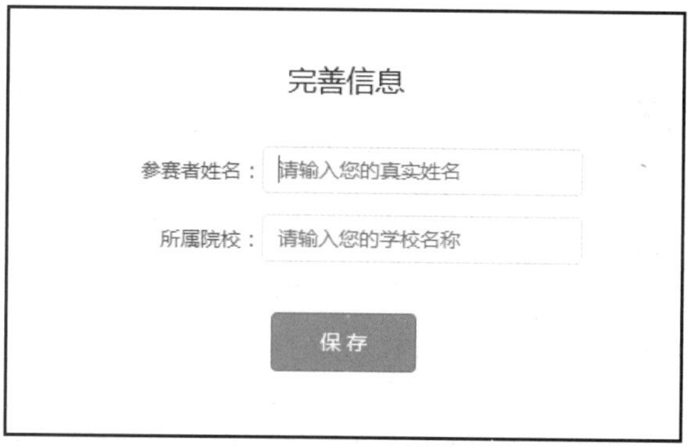

图 5-2　登录之后完善信息界面

登录之后的初始界面如图 5-3 所示。首次登录的界面会有 5 个角色，每个团队都要熟悉角色分工，方便后续的工作协同，如图 5-4 所示。

图 5-3 登录之后的初始界面

图 5-4 首次登录的角色界面

第二节 实训要求

一、费用表

费用表如表 5-1 所示。

表 5-1 费用表

序号	项目	填报岗位
1	管理费	财务总监
2	广告费	总经理
3	设备维护费	财务总监
4	转产及技改	财务总监
5	租金	总经理
6	市场准入投资	总经理

(续表)

序号	项目	填报岗位
7	产品研发	总经理
8	ISO 资格投资	总经理
9	信息费	总经理
10	培训费	财务总监
11	基本工资	财务总监
12	费用合计	＝本表 1 项～11 项之和

注：如果表中"填报岗位"一栏标注数据的来源项有误，则必须由填报岗位修改，并重新生成。

二、利润表

利润表如表 5-2 所示。

表 5-2　利润表

序号	项目	数据来源
1	销售收入	销售统计表"收入"合计项
2	直接成本	销售统计表"成本"合计项
3	毛利	＝本表 1 项－2 项
4	综合费用	费用表"费用合计"项
5	折旧前利润	＝本表 3 项－4 项
6	折旧	财务统计表
7	支付利息前利润	＝本表 5 项－6 项
8	财务费用	财务统计表
9	营业外收支	财务、原料统计表
10	税前利润	＝本表 7 项－8 项＋9 项
11	所得税	财务统计表
12	净利润	＝本表 10 项－11 项

注：表中数据取自本年的"费用表""销售统计表"和各岗位统计表。数据采集的说明详见"费用表""销售统计表"及相关岗位任务中报表部分的说明。

表 5-2 中所得税需要根据本年的权益合计计算是否需要交税而定。操作方法如下。

(1) 不填写所得税，提交报表，上报"财务岗统计表"生成资产负债表后，取"权益合计项"数值。

(2) 计算"应纳税额"＝当前"权益合计"－"上一次缴纳所得税的权益合计"(或称纳税基数)。

(3) 如果"应纳税额"＞0，则计算所得税＝"应纳税额"×所得税比率；如果"应纳税额"＜0，则所得税＝0，即不缴所得税。

(4) 再次填报"所得税"并上报后，重新生成公司经营报表，完成岗位报表。

三、资产负债表

资产负债表如表 5-3 所示。

表 5-3　资产负债表

序号	表项	年初数(上年期末数)	期末数
1	现金		财务总监统计
2	应收款		财务总监统计
3	在制品		生产总监统计

(续表)

序号	表项	年初数(上年期末数)	期末数
4	产成品		销售总监统计
5	原材料		采购总监统计
6	流动资产合计		＝本栏1项~5项之和
7	土地和建筑		总经理统计
8	机器与设备		生产总监统计
9	在建工程		生产总监统计
10	固定资产合计		＝本栏7项＋8项＋9项
11	资产总计		＝本栏6项＋10项
12	长期负债		财务总监统计
13	短期负债		财务总监统计
14	应付款		财务总监统计
15	应交税金		＝本年利润表11项
16	负债合计		＝本栏12项＋13项＋14项＋15项
17	股东资本		财务总监统计
18	利润留存	*	*＝本表年初18项＋年初19项
19	本年利润	*	＝本年利润表12项
20	权益合计		＝本栏17项＋18项＋19项
21	负债＋所有者权益总计		＝本栏16项＋20项

表5-3中数据填写规则如下。

(1) 表中"年初数"栏数据取自上年的"资产负债表"。

(2) 表中"期末数"栏的数据取自本年的"利润表"及相关岗位本年的统计表，数据采集说明详见"利润表"和相关岗位任务中报表部分的说明。

(3) 特别注意的是标注"*"的数据，在制作本表时，"年初数"是上年末的"资产负债表"的"期末数"栏的数据，所以制作本表时，需要从上年的"资产负债表"中提取数据。

(4) 各岗位报表可以在"年中"操作过程中随时多次填报或修改并保存最新的更改数据。年末所有经营操作完成后，各岗位再将岗位报表提交给本队财务总监和总经理，系统将岗位提交的统计表汇总生成以上的本年经营报表。

(5) 各队最终上报的本年经营报表将与系统生成的经营报表对比，将不一致的数据标注在最终报表中。最后按照系统的经营报表进行经营结果的排名。

四、总经理经营报表

总经理应在每年的经营中，按照表5-4所示的项目填报"总经理统计报表"，填报时只需填报"金额"栏，并按照各项的"'金额'项填报说明"汇总当年发生的金额数据。

表5-4中的"更新'目标表'的表项说明"说明所填报的"金额"项将更新公司经营报表中的哪张报表的哪项数据。如果经营报表出现问题，则可判断是哪个岗位数据的问题。

表5-4 总经理的经营报表

项目	"金额"项填报说明	更新"目标表"的表项说明
广告费	当年战略和促销广告投放总额	"费用表"广告费(第2项)
租金	当年支付的厂房租金	"租金(第5项)"
市场准入投资	当年市场资质投资总额	"费用表"市场准入投资(第6项)
产品研发	当年产品研发资质投资总额	"费用表"产品研发(第7项)

(续表)

项目	"金额"项填报说明	更新"目标表"的表项说明
ISO 资格投资	当年 ISO 资质投资总额	"费用表" ISO 资格投资(第 8 项)
信息费	当年购买商业情报的总费用	"费用表" 信息费(第 9 项)
厂房价值	当前已购买的厂房总价值	"资产负债表" 土地建筑(第 7 项)

注：统计报表可以在"年中"和"年末"的任何时间进行填报，每次填报后单击"暂存"按钮保存数据，或者单击"提交"按钮并入经营报表。

五、销售总监经营报表

产品销售统计表如表 5-5 所示。

表 5-5 产品销售统计表

项目	数量	订单收入	违约罚款	销售成本	产品库存数	库存价值
P1						
P2					当前的产品库存数量	当前库存产品的价值
P3						
P4						
P5						

注：表中"订单收入"－"违约罚款"后的所得按产品并入"销售统计表"的产品"收入"项；"销售成本"按产品并入"销售统计表"的产品"成本"项。

表 5-5 中各项填写规则如下。

(1) 数量：填写"当年"已交货的订单，可以从当年的产品库存的单据中查询，这些出库包括年初订货会订单交货出库、现货市场销售出库、"临时交易"市场已交货订单。

(2) 销售成本：查询当年已处理的订单中的"转出成本"项直接获取。

(3) 产品库存数：直接从库存状态中获取。

(4) 库存价值：直接从库存状态中获取。

销售收入计算规则如表 5-6 所示。

表 5-6 销售收入计算规则

销售操作	销售总额 (数量×单价)	违约金 (销售总额×违约比例)	销售收入计算
订单按期交货	订单总额	0	订单总额－0
订单违约交货	订单总额	订单总额×违约比例	订单总额×(1－违约比例)
订单违约取消	0	订单总额×违约比例	0－违约金
现货零售	产品出售总价	0	产品出售总价－0

表 5-6 中部分项目计算规则如下。

(1) 订单总额：通过查询当年已完成的订单直接获取。

(2) 违约金：通过查询当年已处理(包括完成和取消)订单的"罚金"项直接获取。

(3) 现货零售：需要在现货市场卖出产品时，自行记录或从消息中获得。

六、生产总监经营报表

在制品统计报表如表 5-7 所示。

表 5-7 在制品统计报表

项目\在制品	P1	P2	P3	P4	P5
数量					
在制品价值					

注：产品"在制品价值"合计后并入"资产负债表"的"在制品"项目的年末数。

表 5-7 中各项填写规则如下。

(1) 在制品数量：当前所有生产线正在生产的产品数量(在当前生产线详细资料中查询)。

(2) 在制品价值：当前所有生产线上的在制品总价值(包括原料成本和计件工资)，数据来源于当前生产线详情。

生产设备统计报表如表 5-8 所示。

表 5-8 生产设备统计报表

项目\生产线	手工	自动	柔性
总投资			
累计折旧			
在建已投资额			

注：各生产线的"总投资"合计－"累计折旧"合计(生产线净值)并入"资产负债表"的"机器与设备"项的"期末数"，各生产线的"在建已投资额"合计数并入"资产负债表"的"在建工程"项的"期末数"。

填报时的数据采自生产线本年状态数据，主要如下。

(1) 生产线总投资：当前生产线的总价值，即生产线原值总和。

(2) 生产线累计折旧：当前生产线的累计折旧合计。

(3) 在建已投资额：当前在建的生产线已经投入的资金总和，即不管何时开始投建的生产线，只要当前的状态是"在建"，则记为"在建已投入资金"。

七、采购总监经营报表

原料统计表如表 5-9 所示。

表 5-9 原料统计表

原料	库存原料数量/件数	库存原料价值/万元	零售(含拍卖)收入/万元	零售(含拍卖)成本/万元	失效和违约价值/万元
R1					
R2					
R3					
R4					

注：表中各原料"库存原料价值"合计后，并入"资产负债表"的"原材料"项的"期末数"；各原料("零售收入"－"零售成本")合计后，并入"利润表"的"营业外收支"项的"金额"；各原料"失效和违约价值"合计后，以负数并入"利润表"的"营业外收支"项的"金额"。表中所有数据均按正数填入。

填报报表时的数据采自各个原料本年的以下数据。

(1) 库存原料数量：当前的库存数量(在当前库存中查询)。

(2) 库存原料价值：当前库存的总金额(在当前库存中查询)。

(3) 零售(含拍卖)收入：当年在现货市场卖出原料和在拍卖市场卖出原料的总收入(需要在零售时记录)。

(4) 零售(含拍卖)成本：当年在现货市场卖出和在拍卖市场卖出时出库的总成本(需要在零售时记录)。

(5) 失效和违约价值：当年被强制清除的过期原料价值(需要查询相关消息统计)，以及收货违约产生的违约金和订单取消产生的收货违约金(查询当年的采购订单获得)。

八、财务总监经营报表

财务岗位统计报表如表 5-10 所示。

表 5-10　财务岗位统计报表

资金项目	金额	目标表表项
管理费		"费用表"管理费(第1项)
设备维修费		"费用表"设备维修费(第2项)
转产及技改		"费用表"转产及技改(第3项)
基本工资		"费用表"基本工资(第10项)
培训费		"费用表"培训费(第11项)
财务费用		"利润表"财务费用(+)(第9项)
本年折旧		"利润表"折旧(+)(第5项)
违约罚金合计		"利润表"营业外收支(一)(第9项)
现金余额		"资产负债表"现金(第1项)
应收账款		"资产负债表"应收账款(第2项)
应付账款		"资产负债表"应付账款(第14项)
长期贷款余额		"资产负债表"长期贷款(第12项)
短期贷款余额		"资产负债表"短期贷款(第13项)
股东资本		"资产负债表"股东资本(第17项)
所得税		"利润表"所得税(第11项)

注：表中所有数据均按正数填写。

表 5-10 中各项填写规则如下。

(1) 管理费、设备维修费、转产及技改：是全年支付的总和。

(2) 基本工资、培训费：是人力资源支出的操作工人的费用，每月1日在系统账单中列支，可以通过现金支出查询全年总和。

(3) 财务费用：财务费用特指本年的贷款利息、利息违约金、还贷本金违约金和贴现息四项之和。

(4) 本年折旧：是本年提取的生产线折旧合计，数据来源于本年消息通知有哪条生产线发生过折旧，然后查询生产线类型，计算出提取的折旧额。

(5) 违约罚金合计：违约罚金包括维修费违约、管理费违约、代工收货违约、税款违约金、租金违约金、处理财产损失。资产损失＝生产线价值－累计折旧－残值。

第三节　评分标准

一、目的

通过填写本课程实验报告和总结，让同学们更加清晰和深刻地体会约创沙盘经营的每一个步骤及其背后的数据关系，提升财务数据分析与资料归纳整理的能力。

二、实验课程考核方法与标准

(一) 考核方式

本实验课程考核方法为考查。

(二) 本课程总成绩评定

本课程总成绩评定办法为：平时成绩占 40%(实验操作占 20%，课堂表现占 10%，考勤占 10%)；期末考试成绩占 60%(操作约创沙盘实际成绩占 45%，学生个人总结成绩占 15%)。

1. 实验考勤要求

按课时要求，全部出勤，若有旷课或请假，则旷课一次扣 5 分，请假一次扣 2 分。

2. 实验参与度

实验操作时，要主动参与团队的经营、讨论和操作，课堂表现由小组成员相互评分，最终由老师综合评定。

3. 期末考试成绩评定

当团队完成 2 年模拟经营运作，排名和利润额第一名为 80 分，第二名为 75 分，第三名为 70 分，第四名为 65 分，第五名为 60 分。

当团队完成 3 年模拟经营运作，排名和利润额第一名为 90 分，第二名为 85 分，第三名为 80 分，第四名为 80 分，第五名为 75 分。

当团队完成 4 年模拟经营运作，排名和利润额第一名为 100 分，第二名为 95 分，第三名为 90 分，第四名为 85 分，第五名为 80 分。

4. 实验报告

从个人角色出发，根据实验报告要求按不同角色截图，证明模拟企业经营情况。

5. 个人总结

从个人角色出发，根据模拟企业经营情况，总结实验过程、实验体会，写一篇不少于 800 字的总结。

第四节 平时实训报告与期末总结

期末总结

系　　别:_____　专业(班别):_____
课程名称:《ERP 沙盘模拟实验》　指导老师:_____
组员 1 学号:_____　姓　　名:_____
组员 2 学号:_____　姓　　名:_____
组员 3 学号:_____　姓　　名:_____
组员 4 学号:_____　姓　　名:_____
组员 5 学号:_____　姓　　名:_____
实验时间:_____　单独设课　■　　非单独设课　■

实验要求	运用约创 ERP 沙盘系统，运营一家工业企业								
系统成绩									
实验总结成绩(字数不少于 800 字，宋体、5 号字，单倍行距)									
	总经理		销售 总监		生产 总监		采购 总监		财务 总监
实验过程、步骤记录(文字、图片等)									
截图要求：截取本组的实训报告。(截图后粘贴至下方，并将本行文字删除，不删除的扣除相应分数)									

示例：
(截取最后一年的经营结果图)

学生姓名		岗位	
实验总结			

学生姓名		岗位	
实验总结			

学生姓名		岗位	
实验总结			

学生姓名		岗位	
实验总结			

学生姓名		岗位	
实验总结			

平时实训报告

实验(训)报告

系　　别:＿＿＿＿＿＿＿＿＿＿　　专业(班别):＿＿＿＿＿＿＿＿＿＿
课程名称:《ERP 沙盘模拟实验》　　指导老师:＿＿＿＿＿＿＿＿＿＿
组员 1 学号:＿＿＿＿＿＿＿＿＿　　姓　　名:＿＿＿＿＿＿＿＿＿＿
组员 2 学号:＿＿＿＿＿＿＿＿＿　　姓　　名:＿＿＿＿＿＿＿＿＿＿
组员 3 学号:＿＿＿＿＿＿＿＿＿　　姓　　名:＿＿＿＿＿＿＿＿＿＿
组员 4 学号:＿＿＿＿＿＿＿＿＿　　姓　　名:＿＿＿＿＿＿＿＿＿＿
组员 5 学号:＿＿＿＿＿＿＿＿＿　　姓　　名:＿＿＿＿＿＿＿＿＿＿
实验时间:＿＿＿＿＿＿＿＿＿＿　　单独设课　■　　非单独设课　■

实验报告书

实验题目	约创平台介绍和岗位设置	实验课时	2节	成绩	
实验过程、步骤记录(文字、图片等)					

一、平台登录界面

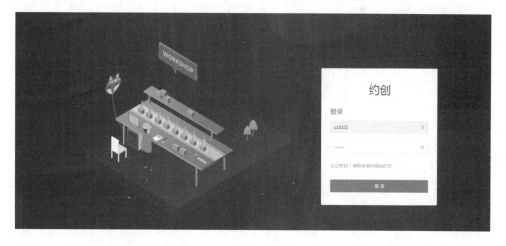

二、团队成员简介(上面是每个成员真实名字)

实验报告书

实验题目	约创平台各岗位介绍	实验课时	2 节	成绩	
实验过程、步骤记录(文字、图片等)					

一、选择角色

每个角色进入办公室的图片(要求上面有每个角色的名字出现，共 5 张图片)

(注意：不能直接粘贴模板的截图，否则视为不及格)

二、角色介绍

简单介绍该岗位的职责

总经理

财务总监

销售总监

生产总监

采购总监

实验报告书

实验题目	年初工作	实验课时	2 节	成绩	

实验过程、步骤记录(文字、图片等)

一、每个角色申请拨款(上面有角色说明)
　　(注意：不能直接粘贴模板的截图，否则视为不及格)

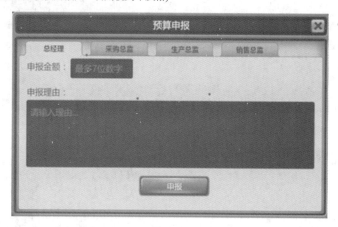

二、总经理投放广告费

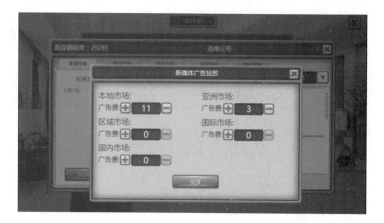

三、可售/出租厂房

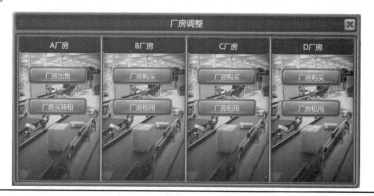

四、选单结果

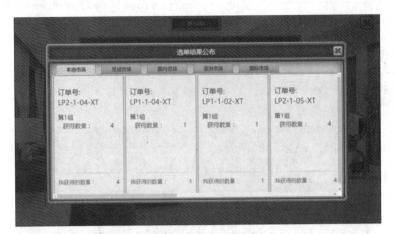

五、资质研发(产品研发、市场开发、ISO 研发选其一张图片)

实验报告书

实验题目	年中工作	实验课时	2 节	成绩	

实验过程、步骤记录(文字、图片等)

一、筹资业务(注意:不能直接粘贴模板的截图,否则视为不及格)

二、投资业务(购买生产线)

三、人员招聘业务

四、采购业务

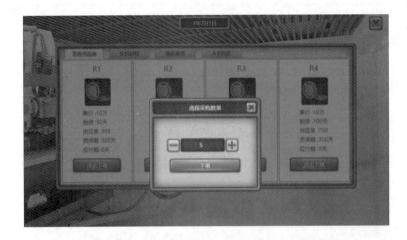

五、生产业务

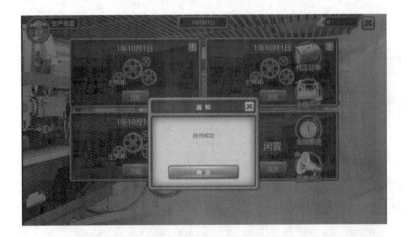

六、销售业务(交货)

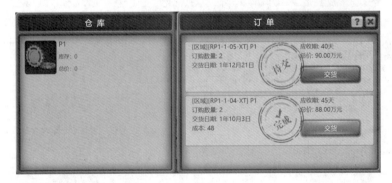

实验报告书

实验题目	期末工作结转	实验课时	4 节	成绩	

实验过程、步骤记录(文字、图片等)

每个角色报表(截图)(注意：不能直接粘贴模板的截图，否则视为不及格)

一、总经理经营报表

二、销售总监经营报表

三、生产总监经营报表

四、采购总监经营报表

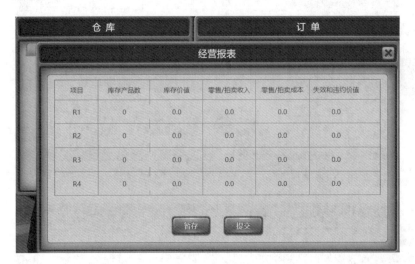

五、财务总监经营报表

实验报告书

实验题目	年末工作	实验课时	2节	成绩	
实验过程、步骤记录(文字、图片等)					

每年的报表(利润表、资产负债表两张截图)(注意：不能直接粘贴模板的截图，否则视为不及格)

实验报告书

实验题目	年末工作	实验课时	2 节	成绩	
实验过程、步骤记录(文字、图片等)					

每年经营结果图

实验报告书

实验题目	年末工作	实验课时	2 节	成绩	
实验过程、步骤记录(文字、图片等)					
用文字写出最终整个方案过程:					